青苹果

心灵关爱系列

新一代知心姐姐*刷刷*作

U0507101

男生加油站
Boys' Gas Station

刷刷 著

做大智慧男孩就是这么简单 9～15岁

CnS 湖南少年儿童出版社
PUBLISHING & MEDIA   HUNAN JUVENILE & CHILDREN'S PUBLISHING HOUSE

关爱是一种体贴的陪伴

安武林（著名儿童文学作家、评论家）

这是一套多多少少能给少男少女带来惊喜的书，因为它的定位是成长中的青少年。无论是男生还是女生，他在成长过程中必然会遇到各种各样的问题，并且有的还是意想不到的。如果没有准备，那么，问题出现时少男少女便会不知所措。而父母呢，哪个不关心自己的孩子？

这套书，一本是写给女生的，一本是写给男生的。从丛书形式上说，它新颖活泼，图文并茂；从写作手法上说，它轻松幽默，贴近生活。当然，这只不过是这套书表面意义上的特点，给人阅读和视觉上带来的感觉，但我更看重这套书的内容。

这套书把知识性和趣味性、实用性和艺术性巧妙地结合在一起，把传统的美德和现实的问题机智地融合在一起，给我们带来了丰富的内容。它的内容包含心理、励志、生理、修养、品格等方面的元素，书中所涉及的问题恰恰是少男少女在成长过程中最容易遇到的代表性问题，有的问题还容易被我们忽略掉。有时候，我自己都觉得好笑，这也算问题吗？回想自己度过的少年时光，又不得不承认书中所说的问题是客观存在的事实，而且，还算是那段时光中了不起的大事。

成长就是这么一个概念，有时候是质变，有时候是量变。比如说，一个人在年少的时候，鸡毛蒜皮的事情就是比天还大的事情，而成年以后突然想起会觉得很好笑，因为年少时看得比天还大的事情现在已是微不足道了。但，这一个个人生的坎儿，需要少男少女去亲身体验，不能逃避，也无法逃避。而在这个阶段，一句温暖的话语，可以让少男少女从坏的心境中挣脱出来；一个体贴的举动，可以让少男少女信心百倍、勇气大增；一句响亮的呐喊，可以鼓舞少男少女勇敢地朝前走去。

少男少女的成长需要关爱，自我的关爱，父母的关爱，社会的关爱。而关爱，在我看来就是一种体贴的陪伴。这套书，无论如何也算是一种体贴的陪伴，尽管它靠的是文字产生温暖。在这种陪伴中，少男少女将得到启迪、鼓舞、肯定与更多的自信！

男生加油站

目录

第1站　　　学会巧妙拒绝　　　001

第2站　　　远离"礼貌缺乏症"　　　005

第3站　　　切勿玩减肥闹剧　　　013

第4站　　　别丢掉雄心壮志　　　018

第5站　　　学会接纳别人的意见　　　027

第6站　　　学会献爱心　　　037

第7站　　　做到一诺千金　　　044

第8站　　　别当"输不起"的英雄　　　051

第9站　　　勇敢面对现实　　　059

第10站　　　朋友宁缺毋滥　　　065

第11站　　　别为争夺女生打架　　　072

第12站　　　初恋需要理智　　　078

第13站　　　更敢承认自己的缺点　　　084

第14站　　　时刻保持乐观的心态　　　091

第15站　　　控制不良情绪　　　101

第16站　　　学会道歉　　　107

第17站　　　坦然面对不公平　　　113

第18站　　　常怀感恩之心　　　119

第19站　　　把握今天才能赢得明天　　　127

第20站　　　在女生面前谦让些　　　132

第21站　　　学会寻找奋斗目标　　　138

第22站　　　用阅读充实你的心灵　　　144

学会巧妙拒绝

阿明是一个胆小内向的男生。他皮肤白净，身材矮小，坐在教室第一排。很多时候，大家不叫他阿明，而叫他"小不点"。

"小不点，替我去校门口买两个面包！"男生阿毛掏出几块钱，"谢谢啊！"

"哦……"

阿明接过钱，心里很不乐意：你想吃面包，你自己去买啊，凭什么让我去呢？阿明虽然不满，可是他不好意思说出来，只好一路抱怨着走到校门口。

很快，阿明拿着两个黄澄澄的面包回来了，可阿毛生气地斥责阿明："小不点，你怎么买了菠萝面包？我要吃夹肉面包，你去给我换成夹肉面包！"

"你——"阿明已经觉得很委屈了，谁知道阿毛竟然还嫌自己买得不好。阿明真想说：你自己换去！可是，他什么都没说，又抱怨着向校门口走去……

上午的数学课突然改成了自习课。班主任老师让班长罗莎负责自习课的纪律，然后匆匆赶去医院探望生病的数学老师了。

班主任刚走，教室里就炸开了锅。

说话的，看小说的，四处晃荡的……这真是一节地道的"自习课"。

　　"小不点，帮我抄数学作业！"班里的小霸王——阿天把自己的数学练习册递给阿明，"喂，下课后给我啊！"

　　"什么？让我替你抄作业？"阿明以为自己听错了。

　　"快抄，少啰唆！"阿天说着，给了阿明一记"毛栗子"。阿明不敢得罪阿天，只好闷闷不乐地抓起笔。

　　好不容易熬到下课，阿明把数学练习册递给阿天，阿天检查后，满意地点点头说："小不点，你抄得不错，以后我的作业就由你替我完成啦！"

　　"啊——"阿明听了差点当场晕倒。

　　放学的时候，天公不作美，竟然下起了雨，班里好几个同学愁眉不展。阿明暗自得意，因为他平时总在抽屉里放一把雨伞，这下可派上用场了。

　　当阿明拿出雨伞，准备回家的时候，女生点点走过来说："阿明，把雨伞借给我吧。"

　　"借给你？"阿明有些不乐意。点点家就在学校附近，而自己住得很远……阿明犹豫着，不知道怎么办。

　　"喂，你是不是男生啊？怎么一点不

关心女生？"点点抱怨起来，"我还以为你很好，会乐意帮助同学，想不到……"

"借给你，借给你！"阿明心想：如果不把伞借给点点，自己岂不成"小心眼"了？

没办法，可怜的阿明冒着雨走了很远的路才到家。被雨淋湿后，阿明当天晚上就感冒了。

躺在家里休息时，阿明瞪着天花板忍不住叹息："唉，我怎么就不会拒绝别人呢？特别是面对那些无理的、过分的要求，我到底该如何巧妙地拒绝呢？怎样才不会得罪同学呢？"

刷刷姐姐让你选 在你认为合适的选项中打"✓"

面对同学无理的、过分的要求，你知道如何拒绝吗？你认为如何拒绝才不会得罪同学呢？

选项1（　） 拒绝别人的时候，语气要委婉，不要恶言相向。恶言相向不但得罪人，还会被人误认为"不热情""没同情心"。

选项2（　） 面对不合理的要求，你可以用巧妙的回答来解围。如有同学让你帮忙写作业，你可以说："我的字丑，你不介意吧？不介意我就写。"然后写几个特别难看的字气气他，他自然不愿让你帮他写了。

选项3（　） 同学想借钱，可你并不愿意，怎么办呢？你可以这么说："好呀！你要借多少？10元？好，你先借给我20元，然后我再借给你10元！"

选项4（　） 在使用妙招的时候，脸上一定要有笑容！

选项5（　） 谁使唤我，我就和谁翻脸！必要的时候，我会狠狠揍他，来一个"杀鸡给猴看"，让大家从此不敢使唤我。

选项6（　） 如果对方强大，我就屈从；如果对方弱小，我就反抗！

其实，在拒绝别人的时候，如果我们能巧妙运用一些技巧，不但不会得罪人，而且在某些时候能增进感情。如：同学找你要作业抄，你拒绝把作业本借给他，但你可以教他解题技巧或提示关键步骤，他在你的帮助下完成了作业，肯定会对你充满感激的。所以，不要怕拒绝别人！

男生们，加油哦！学会巧妙拒绝！用巧妙的办法拒绝你不愿意做的事情吧！这样不但能让你快乐，还会让你的人缘好上加好呢！

刷刷姐姐为你**加加油**

远离
"礼貌缺乏症"

林子是年级公认的大帅哥。

开始，大家都抢着和林子做朋友，特别是女生，因为林子实在太帅了，帅得能让地球倒转！女生们总找各种理由和林子聊天或玩耍。可是一段时间后，别说女生，就连男生也不太喜欢林子了，大家的脑海里经常浮现出林子令人反感的身影。唉，不知道是不是因为太帅了，林子在和大家的交往中显得有些缺乏教养。

昨天电视台转播了一场精彩的球赛，因为看球，林子到半夜才睡觉。早上闹钟响了好久，他才磨磨蹭蹭地起床。这一磨蹭导致他不得不在路上解决早餐问题。林子背着书包，一边走，一边啃手里的肉包子。

"林子——怎么没在家吃早饭？"一位任课老师看见林子，不禁提醒道，"边走边吃可不卫生！"

"切！你管得着吗？"林子不理任课老师，依旧我行我素地吃着，走着。

"你——"任课老师听了林子的话，生气地走了。

"林子，早上好！"同学赵坤在校门口看见林子，走上前跟林子打招呼。

"嗯！"林子一边吃包子，一边用油腻腻的手指着赵坤的脸，"昨天的 NBA 总决赛看了吗？"

"看了！哎呀，真是太精彩、太刺激了……"赵坤说着，摆出一个投篮的动作，"如果我的篮球能打这么好，多好！"

"嗯嗯嗯！"林子一边吞包子，一边继续说，"最后那个灌篮，真是太酷了——"随着林子这句话飞出嘴巴的还有他嘴里的肉渣，而这些肉渣都喷在了赵坤的脸上。

"喂——你能不能吃完了再说话？"赵坤用手擦擦自己的脸，"瞧你，弄得我满脸都是！"

"你怎么和小女生一样？"林子满不在乎地将胳膊搭在赵坤的脖子上，而刚抓过肉包子的油手，则毫不留情地在赵坤的白衬衫上留下了一座"五指山"。

"哎哟！我的衬衫！"赵坤急忙闪到一边，"这衬衫是我妈妈刚帮我洗干净的！"

"有什么大不了的？"林子说着，把手伸进嘴里抠起来。

"啊……"赵坤见林子从嘴里抠出一些肉渣，然后食指弯曲，大拇指用力，把肉渣朝自己弹来，心里不禁一阵恶心。

"林子，我的家庭作业还没写完，我先走一步！"说完，赵坤像躲避瘟疫一般跑了。

"喂——你跑那么快干什么？"林子并不知道自己的行为"恶心"

到了赵坤，还激动地追在赵坤身后大喊，"等一等——我还没说完呢！"

"林子，抱歉，我要写作业！"赵坤趴在自己的课桌上，拒绝和林子继续讨论球赛。

"切！"林子无趣地走到自己的课桌前坐下，"咦，这是什么？"林子被同桌梦梦抽屉里的书吸引了。林子像主人一般，随手将书拿出来。

"《柠檬酸酸》！"林子把脏手在裤子上蹭蹭，便翻开书浏览起来。

"林子，你在看什么书？封面好漂亮哦！"后排的女生鲁迪好奇地问，"是你的书吗？借我看看！"

"这是梦梦的书！"林子说着把书丢给鲁迪，"你想看就拿去看吧！"

"什么？梦梦的书？"鲁迪拿着书犹豫着，"梦梦好像去厕所了。等她回来，我问问她，再借！"

"问什么问？不就是一本书嘛！拿去看，没事儿！"林子大手一挥，把书塞到鲁迪手里，"她不会生气的！"

几分钟后，梦梦回来了。她不但生气，而且非常生气。

"林子，你怎么未经我允许就翻我的抽屉？你怎么没经过我同意，就把我的书借给鲁迪？"梦梦质问林子。

"你的抽屉不能动，你就锁起来呀！真是的，一本破书，至于这么大呼小叫吗？"林子说完，扭过头对鲁迪说，"喂！梦梦生气了，你把书还给她！"

"梦梦，不好意思呀！"鲁迪满怀歉意地把书递给梦梦。

"鲁迪，我生气不是因为你，而是林子！他这人怎么这么没礼貌，把别人的东西当自己的拿去借人！"

"你们女生就是小气！"林子一边说，一边把脚踩在梦梦的椅子上系鞋带，"不就是一本书，你有必要给我上纲上线吗？"

"你……你怎么踩我的椅子？"梦梦气得浑身哆嗦，"你真是太讨厌了！"

"啊哈！我就是讨厌，怎么了？"林子系好鞋带，故意气梦梦，"梦梦，我这么帅，踩踩你的椅子，你应该感到荣幸！哦——你生气是不是因为我没让你帮我系鞋带？哈哈，哈哈！"

"变态！"梦梦气得破口大骂，"你长得是帅，可是行为一点也不帅！"

"切！"林子耸耸肩膀，转过身找人聊天去了。

上午的最后一节课是体育课。

体育老师要给女生测试仰卧起坐，便安排男生打篮球。

打篮球是林子的强项。篮球场上，他运球、投篮，帅气十足，惹得班里的女生不时地把目光投向他。

"林子真帅！"

"嗯嗯嗯！瞧他三步上篮的姿势，真是帅极了！"

"帅什么帅？你们想想，他除了在球场上遵守'规则'，平时遵守过'规则'吗？"梦

梦不满地看了一眼远处的林子说，"瞧着吧！一会儿吃饭的时候，不知道哪个倒霉鬼又要被他气得半死！"

丁零零！下课铃响了。

随着体育老师一声"下课"，大家纷纷向食堂冲去。

"小萍，今天大家吃饭怎么这么积极？"林子用衣袖擦擦额头上的汗水，拉住女生小萍问。

"中午食堂有红烧狮子头，他们都抢着排队去了！"

"难怪上课的时候，我看见好几个人把饭盒放在球场边，原来如此！"林子说着，也拔腿向食堂跑去。

林子一进食堂便在队伍中找熟人。真巧，在窗口前打饭的是张超——他和林子的关系不错。

"张超，多买些！"林子嚷嚷着挤过去，后面排队的同学大喊起来："喂——排队去！排队去！"

"林子，你要吃饭就去排队，喊我干什么？"张超说完，端着打好的饭菜走到餐桌边。张超刚把饭盒放到桌上，林子就用手指拈了一块"狮子头"塞进嘴里……

"哎呀！你怎么吃我的'狮子头'？"张超急忙阻止，可还是晚了，一块"狮子头"转眼就进了林子的肚子。

"饿死我了！张超，你让我先吃，回头你再买一份！"林子不等张超回答便从张超手里夺过勺子，狼吞虎咽地吃起来。

"你——你怎么这样？"张超饿得肚子咕咕叫，可自己的饭菜已被林子的口水"污染"，只好自认倒霉。

　　林子吃完后，打着饱嗝，把脏饭盒塞到张超手里说："哥们，你自己慢慢吃！"说完，他掏出几张饭票和菜票丢在张超面前，"我回教室喽——"

　　"林子，你别走！"张超扯住林子的袖子，不满地说，"你吃了我的饭菜就算了，你总得把饭盒洗了吧？否则我怎么打饭呢？"

　　"洗什么洗？我又没传染病！"林子甩开张超的手，补充道，"我这么帅的人，怎么可以去洗饭盒？帅哥是不能洗饭盒的！"

　　"这人怎么能这样？真是太过分了！"旁边的同学实在看不下去了，纷纷谴责林子，"我们承认你长得帅，可你怎么一点修养也没有？你连最起码的礼貌都不懂，长得帅又有什么用？你——真令人讨厌！"

　　林子听到这些话，停下脚步，扭过头冲大家狡辩："你们这么斤斤计较干什么？我就是随便点，有什么关系？这样不是显得我和你们关系好吗？再说，我长得就是比其他男生帅，你们不服气也没有用！"

　　"哼！整天说自己帅，却不知道自己其实丑陋无比！"梦梦愤怒地冲林子大喊，"你这种人，我再也不会和你说话了！"

　　"是的，我也不想和他说话了！"另一个同学抓起张超的饭盒说，"我去替你洗！"

　　"谢谢！我自己可以洗！"张超抢回饭盒，对林子说，"林子，你是大帅哥，我是普通人，以后我们还是保持点距离比较好！"

"嗯嗯！行为这么粗俗，连最起码的礼貌都不懂，我也不想理他！"

听着大家的议论声，林子虽然有些羞愧，但仍旧强硬地说："谁喜欢和你们说话？谁稀罕和你们说话？"说完，他便扬长而去。

过了几天，校长到教室找林子，想安排他给一位到学校做报告的科学家献花，不想大家纷纷反对。

"校长，千万别让林子献花！虽然他长得帅，可是行为很粗俗。他有严重的'礼貌缺乏症'，如果让他献花，肯定会把科学家'吓跑'的！"

"对！让林子献花不定会出什么纰漏呢！您可要考虑好啊！"

因为大家反对，校长只好另选一位同学献花。

林子虽然生气，可也很无奈，谁让大家说的都是事实呢？此刻，他才意识到自己的行为极大地伤害了同学。看着大家带有敌意的目光，林子抱歉地说："我改！我改，行吗？"

虽然林子说要改，可是要一个不懂文明礼貌的人变得"举止优雅"，并不是一件容易的事啊！

林子该怎么做呢？

刷刷姐姐让你选

在你认为合适的选项中打"√"

同学之间到底是"亲密无间"好，还是"亲密有间"好？你在和同学的交往中，注意基本的礼貌吗？你如何看待这个问题呢？

选项 1
（ ）

"亲密无间""亲密有间"都不是问题的关键，关键是在我和同学的交往中，我是否开心，同学是否开心。一个大大咧咧、不分彼此的人，看似"潇洒"，实际颇为讨厌。

选项 2
（ ）

对我好的人，我就礼貌地对待他，尊敬他；对我不好的人，或是我讨厌的人，少一些礼貌，少一些尊重无所谓，反正我和他"不对眼"。

选项 3
（ ）

人与人交往的基础是彼此尊重，而尊重首先体现在日常礼貌中。虽然不至于和自己的朋友整天说像"麻烦你帮我一个忙""拜托替我做件事"这么客套的话，但在有事麻烦别人的时候用一个礼貌的"请"还是很有必要的。得到别人的帮助，说一声"谢谢"也是理所当然的。

选项 4
（ ）

懂礼貌的人肯定人缘好。所以，为了和身边的同学融洽相处，我会常常提醒自己注意文明礼貌。

选项 5
（ ）

管他礼貌不礼貌！我为什么要为了让别人喜欢而改变自己呢？不能接受我的人，自然不能做我的朋友！

选项 6
（ ）

偶尔缺少一些礼貌，无伤大雅！但如果得了"礼貌缺乏症"，估计我会成为一个令人讨厌的人，我还是小心些吧！

帅哥、美女是上帝的宠儿，可是不要因为帅或美而忘记你是在"人间"哦。在"人间"就要与人打交道，过分炫耀自己的帅或美而忽略个人修养，非常容易得罪人！所以，不要因为自己外表漂亮就轻视、贬低他人，欺负他人！

加油，男生们！远离"礼貌缺乏症"，让自己的人缘更好吧！让自己变得更受欢迎吧！

刷刷姐姐为
加加油

第3站 加油站

切勿玩
减肥闹剧

上课铃响了很久，五年级（1）班的教室里依然乱哄哄的。

数学老师抱着教具走在走廊上，听到教室里嘈杂的声音，心里颇为不满，心想：待会儿一定要处罚几个带头的"捣蛋鬼"。

"你们不知道上课了吗？"数学老师一进门就呵斥，"安静，安静……咦？呵呵，呵呵……"数学老师看到第一排的朱强后，竟然奇迹般地由怒转喜。

"朱强，你……呵呵！"数学老师本想说朱强几句，可是看朱强满脸通红，便转向正在哈哈大笑的同学，"现在上课，谁都不许笑！再笑，就站到教室外面去！"

过了好一会儿，大家才跟着数学老师进入上课的氛围。

十几分钟过去了，坐在第一排的朱强始终没法将注意力集中到数学书上。此刻，他就像一只热锅上的蚂蚁，一个劲地在心里祈祷：快点放学，快点回家！到家我就换了这件令大家笑个不停的毛衣！

早上，当朱强穿着绿底黑色条

纹的毛衣走进教室的时候，同学们先盯着他看了好一会儿，继而狂笑："朱强，你这矮矮胖胖的身体，穿这样的毛衣简直就是一移动的大号西瓜呀！"

"对呀！看看你这肚子，人没进教室，肚子就先进来了。哈哈！"

"让我听听你这西瓜熟了没有！"甚至连女生也跟他开起了玩笑。小雪走到他面前，伸手在他肚子上敲了敲："哎呀！这西瓜已经熟了，大家来尝鲜啊——"

"讨厌！"朱强捂着肚子想坐下，谁知椅子离课桌太近了，他一下卡在了椅子和课桌之间，这又引得同学们一阵大笑。

"朱强，你该减肥了！"一个女生说。

"减肥，你才要减肥呢！"朱强恼羞成怒，指着这个女生大骂，"你再敢说'减肥'，我就揍你！"

可这女生不但不怕，还拉着身边的人问："你们看他像不像西瓜太郎？如果剪一个那样的发型……哎呀！我的妈呀——真是像极了！"

就这样，朱强承受着全班同学的嘲笑和戏弄。而刚才数学老师看自己的神情，分明也在说"你真胖，该减肥了"！

中午吃饭的时候，朱强在食堂窗口看见红烧排骨和肉丸子，馋得直流口水。他想打双份的红烧排骨和肉丸子，可一想到早上的事儿，他就没了食欲，破天荒地打了满满一饭盒蔬菜。

朱强吃惯了肉，此时吃这些蔬菜就好像老虎吃素一般痛苦。本来心情已经够糟了，可是在旁边吃饭的李冬仍不放过朱强。

"朱强，你真的要减肥？"李冬见朱强饭盒里堆成小山一般的蔬菜，故意逗朱强，"没有肉你吃得下饭吗？趁现在红烧排骨还没卖完，快去买哦——"

李冬说个没完，气得朱强站起来就把饭盒扣在李冬的脑袋上了……

可怜的朱强被班主任狠狠地批评了一顿。晚上，朱强一边写检讨，一边暗暗发誓：戒肉三个月！一定要让自己瘦下来。为了表明决心，他还咬破自己的手指头，写了一封"血书"贴在房间的墙壁上。

接下来的日子里，朱强真的丁点荤腥都不沾，只吃白米饭和蔬菜。一周后，他感觉自己原本紧绷绷的裤腰带松了一些，顿时就乐开了花。为了能更快地瘦身，他决定干脆"省掉"晚饭。

一个月后，朱强觉得自己真的瘦下来了，但是人变得昏沉沉的，动不动就想睡觉。有时候上体育课，朱强竟然有眩晕的感觉！但是，他并没有停止减肥计划，因为班里的同学开始说："朱强，你最近瘦了！"这话就像兴奋剂一样刺激着朱强继续减肥，当实施减肥计划快两个月的时候，朱强在做课间操时晕倒在了操场上……

经过检查，医生发现朱强晕倒是由他毫无科学依据的减肥计划造成的。为了帮助他尽快恢复健康，医生建议他住院治疗几天！

朱强看着医生的诊断书，不禁问："我这么胖，大家都笑我，难道我不该减肥吗？我到底哪里做错了？"

在朱强住院的时候，班里的同学这次

没有笑话他，而在班会课上商量如何帮助他。班长综合同学们的意见，为朱强的"减肥"计划提出了一些建议。

朱强减肥计划建议书

1. 合理饮食。多吃粗粮和水果，尽量少吃或不吃巧克力、冰激凌等高脂肪、高热量的食物。

2. 每天坚持运动。胖的同学一般不爱运动，要想体形健美，就得多运动，如跑步、打球、游泳等，都是非常好的运动方式。但是要提醒你一句：运动量应逐渐增加，切不可因为心急而进行超过自身承受力的运动！

3. 注意休息，不要熬夜。也许你以为睡觉会令人发胖，实际上，熬夜势必会增加吃夜宵的可能性，让人发胖。所以按时睡觉，遵循生理规律，有助于保持良好的体形。

4. 保持心情愉悦。很多同学发现，压力大会增加体重，这是一种不良情绪带来的"虚胖"。虚胖不但会让体形变丑，而且会让人体质变差，容易生病。所以，如果你觉得学习压力大，就要多听音乐，多去公园走走，多和同学说说笑话，让自己保持心情愉快！

5. 假期不要暴饮暴食。很多人平时吃饭很注意节制，可是一到假期，特别是到了新年，看见桌子上的美味佳肴，便控制不住"嘴"，这种暴饮暴食会带来体重的剧增。开学后，一看裤子扣不起来，又急得恨不得饿上三天三夜。所以，建议假期中继续保持正常的饮食习惯！

"哈哈，现在我对减肥有足够的信心了！"

朱强收到建议书后，脸上露出了舒心的笑容，他相信自己再也不会在班里"演"减肥闹剧了。

016

刷刷姐姐让你选 在你认为合适的选项中打"√"

你为"肥胖"头疼吗？你知道如何避免肥胖吗？你如何看待男生"减肥"？

选项 1 （ ）
减肥听起来像是大人的话题，可是对一些同学来说，"胖"同样是个很敏感的字，会令他们感到不安，所以我会用宽容的心对待他们的"胖"。

选项 2 （ ）
在和胖同学交往时，我会避免用一些容易引起他们误会的词，如肥猪等，我不希望自己令他们觉得尴尬。

选项 3 （ ）
我属于肥胖一族，但是我很快乐。我觉得与其担心自己的肥胖形象，不如让同学关注我善良的心灵、我优秀的成绩、我爱劳动的品格，等等。

选项 4 （ ）
我实在太胖了，我决定饿一饿自己，"管住嘴"是减肥的最佳方法。我觉得和饿晕相比，同学们的嘲笑更令我痛苦。

选项 5 （ ）
谁要是嘲笑我肥胖，我就和谁绝交！我会用拳头修理所有嘲笑我的人！

选项 6 （ ）
我觉得体重严重超标的人必须减肥！但是减肥须有科学根据，应该用体育锻炼与合理饮食相结合的方式，只有这样才能有效减肥、安全减肥，才不会给成长中的身体带来伤害！

身体胖瘦有遗传方面的原因，也与后天的生活习惯息息相关。如果体重严重超标，应该采用科学的方法合理减肥。健康的身体是学习的基础，所以记得常常参加体育锻炼哦！

加油哦，男生们！让身体更健康，切勿玩减肥闹剧哦！

刷刷姐姐为你 加加油

别丢掉
雄心壮志

阿奇是学校短跑队的主力队员。

自四年级开始，校运动会、区运动会、市运动会乃至省运动会，大大小小的比赛阿奇参加了无数。在这些比赛中，阿奇靠自己的实力为学校赢得了很多荣誉，陆陆续续捧回了很多奖杯和奖牌。

"阿奇，这些奖杯和奖牌都是你赢的吗？！"每个走进阿奇房间的同学，都会被房间里的大小奖杯和奖牌震惊，"老天，你真是太厉害了！"

"这不算厉害！"阿奇拍着胸脯对同学说，"等我长大了，我要参加奥运会，为祖国拿一枚短跑金牌！我要学刘翔，在田径赛场上为祖国争光！"

"阿奇，你的志向真伟大！"同学忍不住投给阿奇一个崇拜的眼神。

长大当奥运冠军是阿奇的梦想！

为了这个梦想，阿奇利用一切课余时间进行短跑训练，也更积极地迎战每一场比赛。阿奇知道，要实现奥运冠军梦，就必须在跑道上多训练，多流汗水，就必须从现在开始付出努力。

下个月是全市青少年运动会。下课后，阿奇抓紧时间完成作业，然

后换上运动服，准备去操场训练。

"阿奇——阿奇——"班长林巧儿咋咋呼呼地冲进教室，"阿奇！你看哦，我去体育器材室帮你把钉鞋领来了！"

啪嗒！林巧儿把钉鞋放在阿奇面前。

"哎哟哟——"不等阿奇说话，男生大海就捏着鼻子走到林巧儿面前，怪腔怪调地说，"大班长，你怎么给阿奇拎鞋啊？你这么做掉不掉价儿啊？"

"掉价儿？给阿奇拎鞋怎么了？"林巧儿没好气地推了大海一把，说，"你要是能替我们班、我们学校拿一个冠军奖杯，我也愿意给你拎鞋！"

"哈哈，哈哈！"

林巧儿的话惹得周围同学一阵大笑，大海则尴尬地耸耸肩膀，走到阿奇面前羡慕地说："阿奇，你真行，大班长都给你拎鞋！要班长给我拎鞋，估计要下辈子喽——"

"哈哈，哈哈！"大家又一阵大笑，林巧儿则用力捶了大海几下，说："好了，别磨叽了！让阿奇抓紧时间训练！"

"好的！"大海冲林巧儿行了个军礼，侧过身，给阿奇让出一条道，"请——我们班的短跑健将！"

"呵呵！"阿奇冲大海一笑，拎起地上的钉鞋对林巧儿说，"班长，谢谢！有大家的鼓励和支持，我一定为大家拿到冠军奖杯！"

日子就在一天天的训练中过去了……

10月6日星期天，阿奇站到了全市短跑决赛的起跑线上。

红色的运动服，黑色的钉鞋，起跑线上的阿奇看起来格外精神！

"阿奇——加油——"

"阿奇，你是最棒的——"

"阿奇必胜！阿奇必胜！"

阿奇的眼睛紧紧盯着远处的终点线，耳朵清楚地听到从观众席传来的一阵阵的欢呼声。

"各就各位——"

听着裁判员的口令，六位运动员齐刷刷地摆好起跑姿势。

"阿奇，这次你死定了！"阿奇右边的参赛选手——来自翰林小学的小虎恶狠狠地说。

"……"阿奇没有理睬小虎，只专心地听裁判员的发令枪声。

"啪——"发令枪响了，阿奇奋力跑了出去。

"加油——加油——"

观众席上传来一阵高过一阵的呐喊声。

跑道上的六位选手跑出去二十多米后，几个人便分出了先后，阿奇排第二，而小虎领先阿奇一步。

稳住，要把实力留到最后十米的冲刺中。阿奇让脚下的步伐保持稳健，同时让胳膊协调地前后摆动。

赛程过半后，阿奇开始加速！

十二米，十一米，十米，九米，八米……终点线清晰可见，阿奇使出浑身力气向前冲。此刻，小虎也加快了速度。最后五米时，

阿奇与小虎并肩了，接着，四米，三米……阿奇的身体明显超过了小虎。

"阿奇——加油——阿奇——加油——加油——"

观众席上，有人在大叫，有人在跺脚，有人在挥拳……眼看阿奇就要冲过终点线，小虎冷不丁地伸手拉了阿奇一下……

"哎哟——"阿奇被这个变故弄了个趔趄，身体控制不住，摔倒了……接着，一阵剧烈的、难以忍受的疼痛从脚踝处传来。阿奇忍不住抱着脚呻吟起来："我的脚好疼！我的脚好疼！我的脚——"疼痛中，阿奇昏了过去。

当阿奇醒来时，他发现自己躺在医院的病床上。房门虚掩着，门外医生和爸爸的对话阿奇听得一清二楚。

"医生，这孩子的脚能治好吗？"爸爸的声音里满是悲伤。

"这……我们会尽力治好他！凭我的经验，走路是没有问题的，但是能不能参加体育比赛，就很难说了……"

"医生，他喜欢跑步，还要当奥运冠军呢！求您一定要治好他的脚！"

"唉……"

医生的叹息声传到阿奇耳朵里，犹如晴天霹雳！他发疯一般地大喊："不——我要跑步——我要跑步——"

医生和爸爸冲进病房试图安慰阿奇，但是阿奇什么都听不进去，只是一个劲地叫着，喊着，哭着……一连几天，阿奇躺在病床上既不说话，也不吃饭，没办法，医生只能给他输营养液。

"阿奇——你能不能打起精神？"爸爸问。

阿奇想：我再也不能跑步了，打起精神又如何？

"阿奇，害你摔倒的小虎已经被禁赛了……"妈妈说。

阿奇又想：禁赛又如何？我这辈子都不能跑步了，岂不是和禁赛一样？

　　尽管爸爸和妈妈都苦口婆心地劝阿奇，可阿奇心里只听得到"绝望"的歌！整整一个星期，阿奇不言不语，脑海中翻来覆去地重复着一句话："我完了！我彻底完了！"

　　咯吱——午后，静悄悄的病房门被人推开，阿奇看过去——是林巧儿在门口探头探脑地向里张望。阿奇想：她肯定是来安慰自己的。他不想听任何人说话，便迅速地用被子蒙住头。

　　"喂——你怎么看见班长也不打招呼？"显然阿奇的动作被林巧儿尽收眼底。阿奇不理林巧儿，继续蒙着头假装睡觉。

　　啪！阿奇听到林巧儿把什么东西重重地放到床边的柜子上。

　　"好吧——你不想看我，总该看看你赢得的冠军奖杯吧？"林巧儿大声说。

　　奖杯？

　　阿奇掀开被子，看到床头果然摆着一个闪闪发光的冠军奖杯。

　　"阿奇，你真了不起！摔倒的瞬间还知道撞红绳！你呀——这次又是冠军！"林巧儿还要继续说下去，不想阿奇突然愤怒地冲她嚷嚷："出去——出去——你给我出去！还有这该死的奖杯，你拿出去！"

　　"为什么？"林巧儿惊愕地看着阿奇。

　　"为什么？如果不是为了这奖杯，小虎会拉我吗？我会摔倒吗？我会永远不能跑步吗？"

　　"永远不能跑步？"

　　林巧儿听到这里愣住了，她不知所措地看着阿奇，阿奇则大叫："你把这奖杯拿走——我永远都不要再看见这奖杯！"

　　"阿奇……你听我说！"

　　林巧儿想安慰阿奇，谁料阿奇用冷漠的声音说："大班长，你怎么

还不带着你的奖杯走？对了，你以后再也不用替我拎鞋了！"

"是的！我永远都不会替你拎鞋了！"林巧儿说到这里，心中升起一股怒火。

她一把抓起柜子上的奖杯，噌噌噌地走到门口的垃圾桶边，扑通一下将奖杯丢了进去："我真想不到，我们心目中的大英雄、大冠军，一个有雄心壮志的人竟然被一个跟头弄成了狗熊！"

"你骂谁是狗熊？"阿奇愤怒地质问林巧儿。

"我骂的就是你——"林巧儿瞪着又圆又大的眼睛继续骂道，"是的！小虎害你摔倒，害你受伤，是他不对！可是你现在这样做就对吗？你现在不想办法尽快康复，而在这里闹情绪，

我看你真没志气，不配做一个运动员！"

"你……你……"阿奇气得浑身哆嗦。

"我说错了吗？还想当奥运冠军呢！世界上那么多奥运冠军，谁没有受过伤？刘翔多风光的人，还不是一样受过伤吗？可是人家是怎么面对伤情的？刘翔在奥运会上退出比赛后，是如何重新回到赛道上的？"

"我……"阿奇被林巧儿一顿臭骂后，似乎看到了一丝希望，"你的意思是……我的脚还有希望？"

"有没有希望我不知道，但是我知道你现在这副熊样肯定没办法重新回赛场，更不要说什么冠军梦了！好了，我懒得和你废话，我要回学校告诉老师和同学们，我今天在医院看到的根本不是令我们骄傲的阿奇，而是一个令我们不齿的大——狗——熊！"

阿奇哑口无言地看着林巧儿。

砰——林巧儿摔门而去。病房里重新变得静悄悄的。

阿奇看着天花板问自己：我能像刘翔一样重新回赛场吗？我能吗？我能吗……

"阿奇，今天感觉怎么样？"医生推门走进来说。

"医生——"阿奇用胳膊支撑起身体问，"我的脚能好吗？我喜欢跑步，我想跑步，我……"说到这里，阿奇的眼泪掉了下来。

"阿奇，如果你积极配合治疗，肯定会有恢复的一天！"

"您的意思是奇迹可能出现在我身上？"阿奇用渴望的眼神看着

医生。

"我们一起努力吧！"医生拍拍阿奇的肩膀，"我希望奇迹就发生在你身上！"

阿奇开始了康复治疗。

从最初的走几步路都很吃力到每天能在康复器上走半小时，一小时……阿奇的脚一天天好起来了。但令人遗憾的是，奇迹没有发生，阿奇的脚没能恢复到受伤前的状态。

出院的时候，医生拍着阿奇的肩膀不无歉意地说："阿奇，我真抱歉，你的脚虽然恢复得大大出乎我的意料，但是想成为短跑运动员是万万不能了！"

"没事！"阿奇毫不在乎地看着医生说，"虽然我不能参加短跑比赛，但是我相信我能参加长跑比赛！"

"长跑？"医生看着阿奇愣了几秒后说，"是的！比速度的短跑你不适合，但是比耐力的长跑，你的脚完全没问题！"

"医生！等我成为长跑冠军后，我就把奖杯送给您！"阿奇仰起头，发现天空依旧那么蓝，那么美。一个声音在他耳边响起：马拉松赛的冠军不也值得自豪吗？

重新回到校园的阿奇恢复了往日的风采。当然，他没有离开田径场，而是从零开始，成为了学校长跑队的一员。

看着阿奇在操场一圈又一圈慢跑的身影，林巧儿的眼里涌起了泪花，她想：一个人只有不丢掉雄心壮志，才有梦想成真的一天！

这年的城市冬季长跑比赛，阿奇是唯一坚持跑完全程并获奖的学生！当一枚奖牌挂在阿奇脖子上的时候，阿奇对采访的记者说："这才刚刚开始！"

刷刷姐姐让你选 在你认为合适的选项中打"√"

你有雄心壮志吗？你能一直怀着雄心壮志勇敢地走下去吗？

选项 1（ ） 我有很多的伟大志向，但是一想到实现它们要面临那么多困难，我就泄气了。

选项 2（ ） 我能为了自己的梦想努力奋斗，如果遇到困难和挫折，我就会想方设法激励自己不要放弃。

选项 3（ ） 虽然我很想为自己的梦想努力，但是生活给我的打击太多，我不得不渐渐放弃这些梦想！

选项 4（ ） 别提雄心壮志了，我爸是一副"熊相"，我肯定不会成为"英雄"。

拿破仑说："不想当将军的士兵不是好士兵。"

一个男生必须拥有远大的志向，才能成为出类拔萃的人！因为志向的大小决定你人生的高度。当然，没有平坦的大道直达理想的彼岸，男生必须经受人生的种种考验，磨炼、沮丧、失败等，都是必然的经历。在这些经历中，如果你能永远保持雄心壮志，你就不会被困难打倒！世界上那些成功的人，都没有放弃自己的志向，所以最终才取得了令人羡慕的辉煌成绩。

男生们，加油吧——别丢掉雄心壮志！无论何时何地，无论面对多大的困难，都要记住：前进，前进，再前进！

刷刷姐姐为你 加加油

学会接纳
别人的意见

小鹏是五（1）班的班长。他个子不高，白白净净的脸上总挂着浅浅的笑。

记得班主任李老师刚任命小鹏当班长的时候，大家都以为"老李"疯了。

"小鹏长得这么斯文，当班长怎么管得住人呢？那些皮猴一般的捣蛋鬼还不把他给吃了！"

"是呀！李老师选谁不好，偏偏选这么个文弱书生，真是失策，失策哦！"

"我敢肯定，小鹏肯定干不了多久就得下台！"

"嗯嗯嗯，没错，估计他这个班长期末就得'卷铺盖走人'喽——"

然而，事情并未像大家预期的那样发展。

一年，两年……小鹏一口气当了三年班长。随着时间的流逝，大家不但不怀疑小鹏能当好班长，反而在心底佩服他这个班长当得合格，当得出色，当得令人心服口服。

"刘雪，这期校刊，我希望你能写一写你们班的班长——小鹏！"

校刊编辑部的"领导"——大队辅导员林老师看着刘雪说："我听说他当班长很有一套，所以我想让你写写他！"

"小鹏啊——"刘雪的脸上一下露出了笑容，"这家伙还真是当班长的料！行，要我写他，我就好好写写！"

晚上回到家，刘雪拿着笔，眼前浮现出去年的一幕——

"同学们，我们学校每年一次的'读书月'活动下周就要开始了，我希望大家就'读书月'活动如何开展讨论一下，并提出自己宝贵的建议！"小鹏站在讲台边主持班会。

"建议？以前怎么开，今年还怎么开呗！"

"不就是每人带几本书到学校，你借给我看看，我借给你读读吗？这活动还要讨论？班长，你也太麻烦了吧？！"

"班长，难道你想在这'读书月'里玩什么花样？"

"我有一个想法——"小鹏说到这里，转过身在黑板上写了一行字：

读书月——爱心奉献

"嗯？什么意思？"同学们看见这行字交头接耳起来，"读书和爱心奉献有什么关系？难道是让我们多读和献爱心有关的书？"

"班长，你这葫芦里卖的是什么药呀？别让我们猜了，你直接说出来吧！"

"同学们，以前我们开展'读书月'活动后，很多图书便堆积在教室的图书角，无人问津。这次我倡议每人准备一本价格高、印刷精美的高档图书，在'读书月'活动结束后将书捐赠给民工子弟小学的同学们。大家说，我这个想法如何？"

"这点子好！我支持！"

"嗯嗯嗯！书看完了捐赠给家庭条件差一点的小孩，我也支持！"

"同意——"

很快，小鹏的倡议得到了大家的支持。

"好，既然大家同意，我们就这么办吧！"

小鹏见大家比较积极，脸上露出了笑容。

放学后，小鹏刚走出教室，就有人追了上来。

"小鹏，我有话和你说！"小鹏回头一看，是班里的生活委员——张弛。

"什么事儿？"

"你这捐书的事是不是再考虑一下？"张弛靠近小鹏压低声音说，"你知道吗，你这个活动伤害到某人了！"

"什么？"小鹏吃惊地看着张弛，"我伤害谁了？"

"小军！"

"呀——"

张弛刚说出这个名字，小鹏的心就咯噔跳了一下。

小军是去年跟随进城打工的爸爸转来的新同学。平时，小军沉默寡言，不与人交流，似乎因为自己的爸爸是"民工"而刻意与大家保持距离。

"张弛，我……"小鹏的脸微微发热，他向张弛求助，"这可怎么办才好？"

"怎么办？你想这个点子的时候怎么不考虑周全些？"张弛埋怨起来，"你说你为什么非要强调'价格高、印刷精美的高档图书'呢？虽然大多数同学能买这么一本书交上来，可是你怎么不考虑一下像小军这样的人呢？你知道吗，小军为了给家里省钱，中午经常背着我们在校园里啃馒头、吃咸菜呢！学校为了帮助他，不但减免了他的很多费用，校长还让我每月悄悄给他 20 元零花钱呢！"

"张弛，我……我太鲁莽了！"小鹏满怀歉意地拉着张弛的手说，

"这事都怪我没考虑周全！你让我想一想，好吗？我肯定能想出解决办法！"

"嗯！"张弛见小鹏态度诚恳，原本有些激动的情绪逐渐平复下来，"今天晚上，你想想办法，我也想想！也许我们能将这事巧妙地处理好，既不伤害小军，又能让活动顺利进行！"

"好！"

这天晚上，小鹏翻来覆去地想了好久，终于想到了一个妥善的解决办法：小军这么节俭，家里肯定没什么课外书！与其把书送给别人，不如帮助自己班的同学。可是把捐给别人的书转捐给小军，他会不会有什么想法呢？也许小军会很高兴吧？想想看，小军一下拥有这么多课外书，是多么开心的事啊！想到这里，小鹏觉得这办法真是太妙了！

第二天，小鹏一走进教室就发现自己的课桌上堆着好几本新书。

"班长，我们交'任务'了！"

"嗯嗯嗯！"

小鹏看着这些书，忍不住看向小军——小军正面无表情地看着窗外。小军啊小军，等我把这些书送给你的时候，你肯定会笑得合不拢嘴吧？

"小鹏，想到解决办法了吗？"课间休息的时候，张弛问小鹏。

"嗯，我想到了一个两全其美的办法！"

"什么办法？"

"到时候你就知道了！嘿嘿，我保证让小军高兴！"

"是吗？"张弛见小鹏如此自信，便拍拍小

鹏的肩膀说，"小鹏，我相信你！"

"读书月"活动顺利开展了。当活动进行到最后一天的时候，大家纷纷围在小鹏周围问："班长，我们什么时候去民工子弟小学？"

"其实我们不需要去民工子弟小学！"

"什么？不去了？你开什么玩笑？如果只是把这些书放在咱们班的图书角，我才不会让我妈妈买这么贵的书呢！"

"是呀！小鹏，你开什么玩笑？你不要浪费我们的一片心意！"

"大家别急——"小鹏示意大家安静，然后用目光寻找小军。小军正坐在远处捧着一本书看得入迷呢。

"同学们，我们应该把这些书捐给我们身边最需要的人——小军！"小鹏的话刚说完，大家便纷纷把目光投向小军。

"小军——"小鹏捧起一摞书走到小军面前，"小军，你很爱读书吧，现在，我代表班级把这些书全部送给你！"

"送给我？"小军吃惊地看着小鹏，"为什么送给我？你不是说要把这些书送给民工子弟小学……"小军说到这里，突然意识到自己就是"民工"的孩子，顿时脸涨得通红。

"小军，请你收下书！"

小鹏喜滋滋地把书塞到小军手里。谁料，小军狠狠地把书摔到地上，愤怒地对小鹏说："我不要你施舍！"

"啊——"这突如其来的变故让小鹏惊得连连后退。

"你以为你是班长就可以拿我'开涮'吗？你以为我爸爸是民工，

你就可以把我当成你捐助的对象吗？你以为你家有钱就可以随便把我踩在脚下吗？"小军越说越气，到最后，他用尽全力大声喊道，"我不需要你同情！"说完，小军转身跑出了教室……

"小鹏，这就是你说的两全其美的办法吗？"张弛愤怒地看着小鹏。

"我……我以为……"小鹏尴尬地看着张弛，"我以为他得到这些书会很高兴呢！谁知道……"

"高兴？如果让你从捐助者突然变成被捐助者，你是什么心情？你这个班长怎么不会从别人的角度考虑问题呢？你怎么就不顾及别人的感受？"张弛指责小鹏，"你太自以为是了！"

"我也是一片好心！难道我把书送给小军是想害他吗？"

"没错！你就是害他！全班这么多人你不送，偏偏送给小军，你让他心里怎么想？"张弛越说越激动，"你这个班长是怎么当的？你要是不会当，就主动辞职吧！"

"你……你……"小鹏挥起拳头，恨不得揍张弛几下。

同学们纷纷围过来对小鹏说：

"小鹏，你的出发点是好的，但是你应该事先征求小军的意见。你当着这么多人的面捐书给小军，是不妥当的！"

"是呀！我们都知道小军的爸爸是民工，你现在当着大家的面把书送给他，岂不是有意让他难堪？"

"小鹏，你是不是看不起小军？"

"小鹏，你是不是故意戏弄小军？"

渐渐地，大家从同情小军发展到声讨小鹏，而小鹏的脸一会儿白，一会儿红，一会儿黑……当大家不再指责小鹏的时候，小鹏的目光愤怒

地扫过每一个同学。

"你……你想……你想干什么？"刘雪见小鹏脸色难看，生怕他发火，便忍不住提醒他，"小鹏，别忘了你可是班长！"

"我……"小鹏垂下头，羞愧地说，"同学们，我错了！这件事是我没安排妥当，请大家先不要怪罪我……小军跑出去了，我们还是先把他追回来吧！"

大家听了小鹏的话，点点头，然后分头去找小军。

很快，大家在街心公园找到了小军。看着小军红肿的双眼，小鹏满怀歉意地对小军说："小军，对不起！今天是我做得不对，我当着大家的面向你道歉！"

小军没理小鹏，把脸扭到一边。

"我知道你现在一定很生气！我知道你肯定恨我！"小鹏继续对小军说，"但是请你相信我，今天我所做的一切绝对没有半点侮辱你、藐视你的意思！"

"你不是侮辱我？不是藐视我？那你是什么意思？"小军瞪着小鹏问。

"小军，你是我们班的一员。我把书送给你不是因为同情，更不是在嘲

笑你，而是……我真诚地希望你有机会读更多的课外书！你爸爸是民工，我们尊敬地喊他一声叔叔——想想看，这个城市的人，谁不需要民工的付出？我们住的房子，我们城市的卫生，我们吃的米饭……小军，你不希望别人轻视你，你就不应该妄自菲薄，更不要有自卑心理！"

"小鹏……"小军听了这些话，慢慢地把脸转向小鹏。

"小军……我希望你能从每一本书中感受到大家的心意，感受到这个城市带给你的温暖……你不仅仅是我的同学，更是我的好朋友！"说到这里，小鹏向小军伸出了手。

而小军呢，看着周围一道道期盼的目光，一双双真诚的眼睛，终于释然地将手伸过去，和小鹏的手紧紧握在一起……

后来，班里的同学纷纷在书的扉页上写下一句话，把书连同祝福一起送给了小军。

祝你勇敢面对生活中的一切！

祝你笑容越来越灿烂！

祝我们的友谊天长地久……

这些带着美好祝福的书，后来成了小军最宝贵的财富！

丁零零……丁零零……

一阵电话铃声打断了刘雪的回忆。

"刘雪，关于小鹏的稿子写得怎么样了？"

"马上就好！"刘雪的嘴角漾起了微笑，她不禁想：小鹏当班长最牛的地方就是善于接纳别人的意见，否则小军这场"风波"怎么能平息得如此让人满意呢？

刷刷姐姐让你选

在你认为合适的选项中打"√"

你能坦然接纳别人的意见吗？你对别人的"意见"怎么看？

选项1（ ） 如果别人给我提意见，我会假装接纳，心底却很恨他。等我找到机会，我一定给他提更多意见。

选项2（ ） 如果对方提出的意见有助于我进步，我就接纳；如果对方提意见只是有意找碴，那么我就当没听见。

选项3（ ） 我想谁都不喜欢别人给自己提意见，特别是当着老师、同学的面。所以，我若想给谁提意见，我会私底下和他交谈，这样对方也容易接受哦。

选项4（ ） 谁没缺点？谁给我提意见，我就含糊地点点头，然后照样我行我素。

无论是谁，只要是人就不可能让人人都赞美他哦！

如果有人给你提意见，你应该先这样想：是不是我哪里做得不够好呢？然后认真倾听对方的意见，如果他指出了你的不足，并且有助于你进步，你不妨坦然接纳。你的接纳会帮你树立大度、虚心的形象，让你更有男子汉气概！

当然，有些人提意见完全是出于忌妒等心理，这些人的意见你可以不听或一笑置之。

男生们，加油哦——学会接纳别人的意见！如果能在生活和学习中听听别人的意见，从而弥补自身不足，可以让你们更快、更好地成长！

刷刷姐姐为你**加加油**

学会献爱心

周一，欧阳刚跨进六年级（6）班的教室，就嗅到了一股不祥的气息——班里每个人都皱着眉头，甚至连平时最调皮的阿宾此时也哭丧着脸。

"你们这是怎么了？苦着脸干什么？难道……难道今天要考试？"欧阳一边大大咧咧地坐到自己的座位上，一边问同桌惠子，"大家这是怎么了？"

"唉……"惠子眼圈红红地看着欧阳说，"咱们班倩倩的妈妈住院了……"

"哦——"欧阳把目光投向倩倩的座位——空荡荡的，"奇怪，倩倩的妈妈住院，你们急什么？又不是你们的妈妈！"

"去去去！"惠子狠狠地翻了欧阳一记白眼，生气地说，"你知道吗，倩倩的妈妈得的是癌症！因为发现得晚……"

"是吗？"听到这里，欧阳心里有些难过，可仅仅几秒钟之后，他便嘻嘻哈哈地拉着后排的男生聊起了昨天看的球赛。

这人怎么这样？惠子对欧阳的表现有些失望，心里忍不住想到倩倩，真不知道倩倩现在哭成什么样了……

放学后，惠子拉着几个同学商量："周末，我们一起去医院看看倩倩吧？"

"嗯！"阿丽点点头，"我们要多安慰倩倩，希望她不要太难过了！"

"唉……倩倩真倒霉！"一个同学叹息，然后忍不住提议道，"倩倩的妈妈得了这种病，肯定需要很多钱治疗，不如我们发动大家捐款吧？"

"捐款？"惠子听后用力点点头，"我今天回家就把这事告诉我爸妈！"

很快，为倩倩的妈妈捐款的活动在全校展开了。

"欧阳，你捐多少钱？"当惠子把捐款箱放到欧阳面前的时候，欧阳挠挠头说："抱歉，这事我还没和我家里人说呢！"

"为倩倩的妈妈捐款的活动都进行好几天了，你怎么还没带钱来？"惠子不满地瞪着欧阳，"你是不是不想捐？"

"我……"欧阳扫了一眼惠子，嘀咕起来，"这次捐款不是自愿吗？你逼我干什么？"

"你——"听欧阳这么说，惠子心里的火顿时蹿了上来，"你不捐算了！明天我们就去医院送捐助款，到时你可别后悔！"

"后悔？我有什么后悔的？"欧阳扯着嗓子大喊，"我偏不捐！"

"哼！没人情味儿，没一点爱心，没……"惠子狠狠地数落了欧阳一番，然后气呼呼地走了。

其实，此时欧阳口袋里不但有钱，而且数目还不小——整整200元！

前几天，当欧阳向爸爸妈妈提到捐款的事时，爸爸妈妈爽快地拿出200元给欧阳。记得妈妈把钱递给欧阳时还说："倩倩家遇到这么不幸的事，我们表达一点心意是应该的！"

拿到钱的瞬间，欧阳脑海中顿时浮现出一套精美的日本漫画书……

丁零零！丁零零……上课铃响了起来。欧阳坐直身子，眼睛看着黑板。

　　班主任薛老师抱着教案走到讲台边，他没急着上课，而是当着全班同学的面掏出一沓钱说："同学们——不幸发生在倩倩的妈妈身上，我相信我们的爱心能让死神离倩倩的妈妈远一些，再远一些！虽然我们捐的钱只是杯水车薪，但是我相信多挽留倩倩的妈妈一分钟，就是对倩倩的一种安慰和鼓励！惠子，这是我捐的1000元钱，请你收好！"

　　"嗯！"惠子含着眼泪站起来对薛老师说，"谢谢薛老师！现在我们班全部捐款有3600元！"惠子将薛老师的钱小心翼翼地装进牛皮信封。

　　"惠子，明天我们一起去医院！"薛老师冲惠子点点头，然后打开语文书开始上课。

　　捐还是不捐？

　　座位上的欧阳心里踌躇着。现在连薛老师都捐款了，我不捐岂不是要挨骂？算了，既然大家都捐了，我也捐吧！想到这里，欧阳把手伸进口袋——说真的，他真舍不得把这200元捐出去！200元可以在网吧玩多久？可以买多少零食？最重要的是，那套期盼已久的漫画书眼看就要到手了……唉！算了！欧阳在心里安慰自己：如果薛老师知道我没捐款，我肯定要"倒霉"！

　　就这样，欧阳心不甘，情不愿地捐了那200元——他是班里捐款最多的人呢。

　　"欧阳，想不到你不捐则已，一捐就捐这么多！"惠子收到钱，开心得差点叫起来，"我先替倩倩谢谢你哦！有了这些钱，倩倩的妈妈就能多活几天了！"

　　"嗯嗯嗯！"欧阳生怕自己反悔，慌里慌张地走开了。

　　第二天，在惠子的强烈要求下，欧阳跟着惠子及班里另外几个同学，还有薛老师到了医院。

　　"倩倩，这是全班同学的一点儿心意！"

惠子把信封递给倩倩，倩倩无声地接过信封，两行泪从倩倩脸上滚落下来。

"倩倩，别难过！我们会为你妈妈祈祷的！"

"倩倩，别伤心，相信你妈妈会好起来的！"

"倩倩……"

大家纷纷劝慰倩倩，眼前的这一幕触动了欧阳。

"倩倩，你知道吗，同学中，欧阳捐得最多呢！"惠子把欧阳拉到倩倩面前，对欧阳说道，"你也说几句吧！"

"我……我说什么好？"欧阳一下子变得不自在起来，他看着倩倩红红的眼睛，诚恳地说，"我祝你妈妈早日战胜病魔！"

"谢谢！"

倩倩的脸上露出了感激的笑容，欧阳突然觉得眼前的这个笑容竟然有种说不出的美！

一段时间后，倩倩的妈妈还是与世长辞了。

倩倩重新回到学校后，变得沉默寡言，还时不时偷偷地流泪。这一切都被欧阳看在眼里，不知道为什么，他开始怀念倩倩脸上的笑容。

欧阳告诉自己：我要想办法让倩倩从失去母亲的痛苦中走出来，让她振作起来。

晚上，欧阳躺在床上翻来覆去的，怎么也睡不着。他想帮助倩倩，又怕自己贸然劝说反而会让倩倩更伤心，更痛苦。

怎么办才好呢？欧阳前所未有地为一个同学担忧着。他闭上眼睛，一只千纸鹤在脑海中飞过！啊——有办法了！欧阳睁开眼睛，为自己想到了好办法而兴奋不已。

接着，他找出漂亮的彩色纸，趴在书桌前一口气折了十只千纸鹤。在每一只千纸鹤的翅膀上，他都写下一句话……

第二天放学后，倩倩在自己的自行车上发现了一只蓝色的千纸鹤。当她拿起千纸鹤的时候，一行字映入她的眼帘：

生活不会永远被乌云遮挡住幸福，抬头吧，那乌云后面就是你触手可及的希望！

"这是谁写的？"倩倩收起千纸鹤，四处看看，周围虽然有同学，可是没有人在注意自己。

第三天放学后，倩倩又在自行车上发现了一只红色的千纸鹤，这只千纸鹤上写着：

面对生活的磨难，我们应该挺起胸膛迎接挑战，而不是垂头丧气或哭天抹泪，只有自信勇敢，才能迎接更美好的明天。

"这到底是谁写的？"倩倩拿着千纸鹤四下张望着，可仍旧毫无收获。肯定是班里的同学！倩倩相信这个人就在自己身边。倩倩拿着千纸鹤，感觉心头涌上了一股暖意。

第四天放学，第五天放学……倩倩都在自行车上发现了千纸鹤，千纸鹤上的字令她感觉到有一双关切的眼睛，一双支持的手，一颗关切的心就在她身边。

十天后，倩倩在班会课上突然举起手对班主任薛老师说："老师，我有话说！"

在得到薛老师的允许后，倩倩走到讲台上，将十只千纸鹤排成一排。

"自从我妈妈去世后，我就觉得天塌下来了！我伤心、难过、悲哀，对生活失去了信心。可是有一天，我在自行车上发现了一只千纸鹤，千纸鹤上还写着鼓舞我的话！"倩倩说着，把蓝色的千纸鹤举起来给同学们看。

"整整十天，我都收到了千纸鹤，我阴冷的心好像洒入了阳光，一点点温暖起来！我想，如果我再沮丧，再悲伤便辜负了这颗爱护我、关心我的心。所以，从今天开始，我要振奋精神，做回以前的我！我不想让关心我的人再担心……"

倩倩说完，脸上露出了久违的笑容，这笑容感染了教室里的每一个人。特别是欧阳，他觉得自己从帮助倩倩的过程中体会到了莫大的快乐！

啪啪啪！啪啪啪！

教室里响起了一片掌声，同学们纷纷低头询问："送千纸鹤的人是谁？谁这么有爱心？真是太感谢他帮助倩倩了！"

"是呀！倩倩能开心起来真令人高兴！"

"嗯嗯！想不到我们班有这么充满爱心的人，真是太棒了！"

在大家的议论声中，欧阳的脸上露出了一丝得意的笑，他突然想道：只要人人都献出一点爱，世界将变成美好的人间！

 在你认为合适的选项中打"√"

你是一个有爱心的男生吗？你会为同学，为家人，为师长献出爱心吗？

选项1
( )
爱心又不能当饭吃，我才不要有什么爱心呢。

选项2
( )
当同学有困难的时候，当同学心情不好的时候，我愿意尽我的全力去帮助他，安慰他，鼓舞他！

选项3
( )
学校组织向灾区同学捐款或捐物的时候，我总会积极响应。我觉得在这个世界上，有很多人需要我们帮助。虽然我还小，但是我会努力帮助别人。

选项4
( )
在我的周围，有一些同学需要我格外关心与呵护，比如身体不好的同学，胆子小的同学，腼腆的同学……对他们的关心与呵护也是奉献爱心的一种体现。

有位诗人曾说："爱是一盏灯，黑暗中照亮前行的路；爱是一首诗，冰冷中温暖渴求的心房；爱是夏日的风，是冬日的阳，是春日的雨，是秋日的果……"

奉献爱心是一种美德！对待同学，如果你能多一些爱心，便会多一些朋友。

男生们，加油哦！学会献爱心！这不但能让你们感受到生活的美好，还能让你们在帮助别人的同时收获快乐！

刷刷姐姐为你
加加油

做到
一诺千金

下课铃刚响，孟涛和胡天宇就迫不及待地冲向教室大门。

砰！两人撞在一起后同时大喊：

"抱歉，我有急事！"

"抱歉，我有急事！"

"嗯？"孟涛和胡天宇忍不住看着对方，又同时问，"你这么急干什么去？"

两个男生愣了一秒钟后，一起大笑起来："哈哈，哈哈！"

"今天晚上八点钟《哈利·波特与混血王子》首映，我急着去买票！"孟涛一边向胡天宇解释，一边从口袋里掏出钱，"瞧，我爸昨天就给了我买电影票的钱！"

"哇哦——"胡天宇拍着脑袋大喊，"我也好想看《哈利·波特与混血王子》哦！"

"好呀——既然你也想看，不如我们一起去买票吧！"孟涛说。

"不行啊——"胡天宇郁闷地耷拉下脑袋，"我妈替我报了个课外补习班，我马上要去上课！"

"真遗憾！"孟涛同情地拍拍胡天宇的肩膀说，"那你赶快去上课吧！"说完，孟涛迈着欢快的步子向楼梯口走去。

"孟涛——孟涛——"孟涛听见有人喊自己，回头一看，原来是胡

天宇追上来了。

"胡天宇，什么事？"

"孟涛，你能帮我买张票吗？"胡天宇掏出钱递过去，"电影八点钟开场，我下课后赶到电影院，我们一起看，如何？"

"没问题！"孟涛爽快地接过钱，对胡天宇说，"小事一桩！我保证帮你买一张票！"

"太好了！谢谢你，谢谢！"胡天宇听孟涛这么说，感激地冲孟涛露出笑容。

孟涛匆匆赶到电影院门口的时候，发现售票窗口前竟然排着长长的队伍。

哎哟，这么多人买票呀！孟涛咂咂舌，站到了队伍的最后面。

一个人，两个人，三个人……买票的队伍好像蜗牛爬行般缓慢地往前移。孟涛一边跟着队伍慢慢向窗口"爬"，一边不停地向窗口张望。

"哈哈，我买到票了！"一个男生举着电影票从窗口处激动地尖叫着跑开，看得孟涛心里直痒痒。

真急人！

孟涛焦急地在心里催促：快，快，快！我也要买电影票！

又过了二十多分钟，终于轮到孟涛了。

"请给我两张今天晚上八点钟的《哈利·波特与混血王子》的票！"说着，孟涛把钱递过去。

"今天晚上八点钟的票还有一张！"卖票的阿姨说。

"啊？"孟涛张大嘴，"可是我需要两张票！"

"那只能买十一点的晚场了！"售票阿姨看着孟涛问，"你要买晚场的吗？"

"唉……"孟涛郁闷地抱怨起来，"怎么到我买的时候，就只剩下一张票了？"

正当孟涛抱怨的时候，后面的阿姨使劲催促他："同学，你买不买？你要是不买，这张票我可就买了哦！"

"我买，我买！一张票我也要！"孟涛把递过去的钱拿回一半，然后买下了八点场的最后一张票。

离开售票窗口的孟涛毫无喜色。他在脑海中反复问自己：这张票怎么办？自己用还是给胡天宇用？如果自己用，怎么和胡天宇解释呢？可是，如果给胡天宇用，自己排了半天队岂不是很冤枉？唉……自己用？胡天宇用？胡天宇用？自己用……

孟涛在心里翻来覆去地想着：就一张票，总不能我和胡天宇一人看半场吧？

孟涛正犹豫的时候，耳边突然响起自己说过的话——我保证帮你买一张票！既然我已经向胡天宇承诺了，那么现在这张票就应该给他！是的！我答应过的事就得做到！想到这里，孟涛小心翼翼地将票放进口袋。

晚上七点五十分，孟涛站在电影院的入口处张望着。

"孟涛——"胡天宇背着书包气喘吁吁地跑过来，"哈哈，太好了！补习班一下课我就赶来了！嘿嘿，马上要开场了吧？走——我们进去看电影！"

"胡天宇，给你电影票！"孟涛把电影票递给胡天宇，面带笑容地说，"今天恐怕你只能一个人看电影了！"

"什么？我一个人看电影？"胡天宇不解地看着孟涛，"不是说好我们一起看吗？"

"是这样……"孟涛把只剩一张票的事情告诉了胡天宇，接着，他拍着胡天宇的肩膀说，"今天你看，我过几天再看！"

"这……"胡天宇抓着票，感激地看着孟涛，"你排队买的票却让

给我，这让我……我过意不去呀！"

"没事！我答应你的事，我就一定得做到！"孟涛说完，转过身准备回家。

"孟涛——"胡天宇一把拉住孟涛的胳膊说，"孟涛！你排了半天队，还是你看吧！"

"胡天宇，你看！"

"不不不，孟涛，还是你看吧！"

孟涛和胡天宇拉拉扯扯的样子引起了一位老奶奶的注意，她走过来问："你们这是怎么了？电影快开场了，你们怎么还不进去呢？"

"老奶奶，我同学放学后就来排队买票，结果只买到了一张！他要把这张电影票让给我！"说到这里，胡天宇看着孟涛说，"还是你进去看吧！"

"我答应帮你买票，怎么能失信呢？胡天宇，你就不要再推辞了，抓紧时间去看吧！明天到学校，一定和我说说剧情哦！"孟涛说到这里，用力把胡天宇往入口处推，"看——入口处都没人了！你再不进去，电影就开始啦！"

"孟涛，孟涛——"胡天宇还想说什么，可是见孟涛如此坚决，他只得点点头说，"好吧！我去看电影！孟涛，真想不到你说话这么算数！"

"呵呵！"孟涛笑起来，正要说什么，却见老奶奶从口袋里掏出一张电影票说道："这张票是我孙子的，可惜他生病了不能来看电影！我决定把这张票送给你们！"

"什么？"孟涛和胡天宇异口同声地问老奶奶，"您说把这张电影票送给我们？"

"没错！"老奶奶肯定地点点头，把票塞到孟涛手中，"现在的人喜欢保证这，保证那，可是最终能信守承诺的人很少。你能做到一诺千金，真是难得！这张电影票算是我奖励你的，现在快和你的好朋友一起去看吧！"

"老奶奶，谢谢您！谢谢您……"孟涛和胡天宇既意外，又欣喜，他们感激地冲老奶奶一个劲地道谢，然后开心地欢呼，"太好喽——我们可以一起看电影喽——"

这天，孟涛和胡天宇一起观看了《哈利·波特与混血王子》。

第二天，胡天宇将孟涛信守承诺的事在班级里极力宣传，所有听到这个故事的人都冲孟涛露出了敬佩的笑容。

"君子一言，驷马难追！这不算什么！"孟涛谦虚地说。

大家摇着头说："真的要做到一诺千金并不容易啊！"

这周的班会课上，班主任以"一诺千金"为主题，组织大家展开班级大讨论。讨论的结果在大家的意料之中：全班同学都表示要"向孟涛学习，做到一诺千金！重信誉，守信用"！

为了表扬孟涛，也为了鼓舞更多的同学向孟涛学习，班主任推选孟涛担任下个月的班级升旗手。

刷刷姐姐让你选 在你认为合适的选项中打"✓"

在和同学的交往中，你能做到一诺千金吗？

选项1
（ ）
有些人经常做出承诺，可是没有一次能兑现！对这样的人，我非常讨厌！

选项2
（ ）
一诺千金应该看情况而定，比如我虽然答应要帮助同学，但是帮助同学的前提是我自己不能吃亏，如果要我吃亏，那我宁可违背承诺。

选项3
（ ）
如果承诺的事情不能兑现，我就会想办法找各种理由为自己"脱罪"。管他呢，我又不是"神"，失信几次有什么关系呢？

选项4
（ ）
一诺千金的人通常有强烈的责任感，值得信赖，所以我佩服他们，也会努力向他们学习。

选项5
（ ）
一诺千金，就是要守信用，说话算数，我会努力做到这一点。

孔子曾说："人而无信，不知其可也。"这句话的意思是：一个人不讲信用，我不知道那怎么可以。直接点的说法就是：一个人如果不讲信用，那么他就不会有朋友！

男生们，加油哦！做到一诺千金！这不但能让周围的人喜欢你们，信任你们，还会让你们成为一个真正的男子汉！

刷刷姐姐为你
加加油

别当"输不起"的英雄

"第三局，11∶5，六（1）班吴子奇获胜！"

随着裁判员的一声判决，乒乓球台边站着的六（1）班的同学们一起高兴地跳起来欢呼："哇哦——太好了！我们班的吴子奇连赢三局！"

"太好了！吴子奇果然是我们班的乒乓球高手！"

"这下六（3）班要哭鼻子喽——"小斌调皮地冲六（3）班耷拉着脑袋的同学们做了个鬼脸，"喂——你们班的周强是不是认输了？"

"认输？没门！"六（3）班的体育委员高天天握着拳头说，"七局四胜制，你懂不懂？我们班的周强还有机会！"

"机会？我们班吴子奇赢了三局，下一局若拿下，你们班就彻底输啦！"小斌说到这里，走到吴子奇面前拍拍吴子奇的肩膀说，"大英雄，你去年、前年都是年级乒乓球赛冠军，只要拿下下面这一局，你就实现'三连冠'了！"

"嘿嘿！"吴子奇的脸上露出得意的神情。

是的！打乒乓球是吴子奇的强项。

从三年级开始，吴子奇就在校外的乒乓球培训班参加训练。年级里的同学，除了周强，他还真不把任何人放在眼里。

吱吱——吱吱吱——

裁判员吹响哨子，示意吴子奇和周强上场比赛。

吴子奇抓着乒乓球开始发球，球飞出去的瞬间他想：周强连输三局，我要不要让他几个球？反正我球技高。吴子奇正想着，周强一个扣球，吴子奇来不及接球，丢了 1 分。

　　"嘿嘿！"吴子奇不以为意地冲周强笑笑，心想：我已经赢了三局，还怕你不成？想到这里，吴子奇故意挑衅周强说："喂——抓住机会得分哦！"

　　周强不理会吴子奇，手一抬，一个极有杀伤力的旋球飞了过来。吴子奇伸手去接，谁料乒乓球擦着球拍边滚了出去。

　　周强又得 1 分！

　　"周强，加油——"

　　突然，旁边的高天天大喊："用力打败吴子奇！"

　　周强听到这话，用力咬了咬嘴唇，连输三局，这次是他唯一的机会。

　　"打败我？不自量力的家伙！"吴子奇不屑地扫了高天天一眼，心想：等我赢了，看我怎么挖苦你！

　　谁知，在吴子奇走神的片刻，周强发了一个直线球过来。吴子奇伸手去扣杀，结果幅度过大，乒乓球飞出了界。

　　周强又得 1 分！

　　"好哦——"看到周强连得 3 分，六（3）班的同学们激动得跳起来助威，"周强必胜！周强必胜！周强必胜！"

　　胜个屁！吴子奇不快地握着球拍，认真地看着周强手里的球。已经连丢 3 分，吴子奇可不想再让周强得分了。

　　嗖——

　　周强这次发了一个弧线球过来，吴子奇轻松一挡，球弹了回去，周强挥拍一挡，球又弹到吴子奇这边。吴子奇一个反抽，球旋转着飞向周强，周强一击，球又飞了过来。吴子奇决定来一个猛扣。

啪——乒乓球落在球台的角上，周强想接却没接到。

吴子奇夺回发球权。接着，比分就像拉大锯一样，在吴子奇和周强之间来回跳着。

3∶3；4∶5；7∶6；9∶10……18∶18；19∶19……

周强和吴子奇的比分始终咬得紧紧的。乒乓球在台上来回跳跃着，大家的眼睛都紧紧地盯着那只小球，脑袋随球来回摇动着。

现在场上比分是20∶20。这局到底谁能赢？旁边的同学们紧张得大气都不敢出。

周强发球，一个稳稳的弧线球飞向吴子奇左侧，吴子奇侧身狠狠一扣，周强迅速后退几步，用力杀出一个侧旋球。吴子奇挥板削球，周强见吴子奇站在球台后侧，便迅速以一个短球将乒乓球扣杀在球台上。尽管吴子奇迅速扑了过去，但是为时已晚。

"20∶21，周强领先1分！"裁判员示意周强发球。

啪———一个直线球冲向吴子奇，吴子奇轻松一挡，球回到了周强那边，周强挥拍一挡，球向吴子奇的左侧飞来，吴子奇接到这球打回去后，

周强又将球打向吴子奇的右侧。就这样，周强一会儿打左，一会儿打右，打得吴子奇左右两边忙不迭地接球。吴子奇正想喘气，周强一个强扣，手向吴子奇左边挥拍，吴子奇迅速冲到左边，谁料在这瞬间，周强竟然将球打向了吴子奇的右侧。

啪——球落在台上，等吴子奇反应过来准备接球的时候，乒乓球已经落在了地上。

"第四局，22：20，周强赢！"裁判员以哨声结束了这局竞争激烈的比赛。

"周强万岁——"六（3）班的同学们尖叫着冲向周强，而吴子奇则神情黯然地回到自己班级的队伍中。

"你怎么搞的？！连一个假动作都看不出来？"小斌抱怨着，"这局本来可以赢的！"

"输一局有什么关系？"吴子奇抓着球拍对小斌说，"如果我连赢四局，那周强岂不是太没面子了？"

"这……"小斌听了这话顿时笑起来，"哈哈，想不到你是在'放水'呀！哈哈！"

很快，第五局拉开了序幕。这局一开始，周强就来势汹汹。开场十分钟，周强便以7：2的成绩遥遥领先。

"吴子奇，你怎么搞的？加油啊——"小斌在场外急得如同热锅上的蚂蚁。

吴子奇怎么不想加油呢？可是他越想得分，就越出错。吴子奇一连失误三次，比分迅速到了10：2。

怎么搞的？吴子奇的心里有些发毛。他擦擦额头上的汗水，看向周强，而周强正冲他笑。从周强的笑中，吴子奇似乎看到了一丝嘲讽。该

死，你笑什么？吴子奇心里腾地一下冒出火来。可是生气并不利于比赛，吴子奇这局以 2∶11 的成绩惨败。

"吴子奇，你搞什么鬼？你是不是不想赢比赛？"

吴子奇一下场，班里的同学就纷纷围上来质问他，小斌更是气得想揍他一顿。

"我怎么不想赢？"吴子奇此时有些恼火，毕竟这局输得太惨了。

第六局，第七局，吴子奇越想赢，阵脚就越乱。周强彻底掌握了场上的主动权。像被猫戏弄的老鼠一般，吴子奇在球台边一会儿扑左，一会儿扑右，不停地喘着粗气接球。

"现在的比分是 10∶5！"裁判员身边的记分牌上显示周强在最后一局中又占据着绝对优势。看着记分牌，小斌不禁闭上眼睛叹息："周强这局肯定赢定了！可惜啊，吴子奇竟然连输四局！"

"是呀！想不到领先三局的人最后会输，他到底是怎么回事？"

"我看还是周强的实力更雄厚！"

同学们的议论声令吴子奇脸上一阵阵发热，他心里的火烧得更旺了，几乎要从嗓子里喷出来。

嗖——

乒乓球飞过来，吴子奇赌气地用力去扣球，谁知他用力过猛，脚下一滑摔倒了。球飞向周强的时候，周强做出了一个令人吃惊的举动——周强顾不上接球，飞奔到吴子奇身边，伸手扶起吴子奇问："吴子奇，你怎么样？摔伤没有？"

"去去去！谁要你管！"吴子奇厌恶地一把推开周强，愤怒地吼起来，"周强，你少来这套！你用不着在我面前装出一副好心肠的样子！告诉你，我看到你这种小人就觉得恶心，就想吐！"

"啊——"

六（1）班和六（3）班的同学们一起张大嘴巴愣住了，谁都不敢相信吴子奇竟然会说出这样的话。

　　"吴子奇，你怎么说话的？"小斌第一个反应过来，他走到吴子奇面前指责道，"你摔倒了，周强好心扶你，你不感谢他就算了，为什么还要出口伤人？"

　　"伤他怎么了？我就是不喜欢他假惺惺的样子！"吴子奇指着周强的鼻子大骂，"周强，我摔倒了，你是不是故意看笑话？你是不是笑话我输了比赛？"

　　"吴子奇，你误会了……"周强摇着手想解释。

　　谁知吴子奇根本不听，继续骂道："这局你赢了是不是很得意？哼！有什么了不起的！不就是一场乒乓球比赛吗？我……我……我赢的次数比你多多了，我早就不稀罕什么冠军

了！这次的冠军你想当就当吧！"说完，吴子奇啪地一下把手里的乒乓球拍甩到球台上，然后不顾众人惊愕的神情独自离开了。

看着吴子奇的背影，小斌不满地说："这人怎么输不起？"

"是呀！本来比赛就是有可能赢，也有可能输的，吴子奇怎么能因为输掉比赛就乱发脾气呢？"

"嗯嗯！他怎么可以把火发到周强身上？真是蛮横无理！"

吴子奇输掉了这场乒乓球比赛，更输掉了他在同学心目中的好形象！看着吴子奇的背影，周强在心里对自己说：输并不可怕，可怕的是输不起的心态呀。

刷刷姐姐让你选

在你认为合适的选项中打"√"

你是一个输不起的人吗？输掉比赛后，你会怎么做呢？

选项 1
（　）
如果我在比赛中输了，我会在赛后分析输的原因，争取下次比赛赢回来。

选项 2
（　）
我喜欢当冠军，谁要是敢取代我，我就骂他。

选项 3
（　）
"输"不丢人，"输不起"才丢人。

选项 4
（　）
游戏中，比赛中，如果输了就要认，因为这样才能玩得开心。

输，谁都不愿意。可是真的输了，又该如何？是重新开始，还是怨天尤人？一个男生不能做输不起的人，那样只会让人把你看扁。

男生们，加油哦！别当"输不起"的英雄！输了，如果不服气，可以在下一次的较量中赢回来，犯不上用骂人等方式侮辱对手，那样做不但输掉了比赛，更输掉了人格魅力！

**刷刷姐姐为你
加加油**

勇敢面对现实

"强仔怎么又没来上学？"班长莉莉的眉头拧得紧紧的。

"这也不能怪强仔呀！"强仔的同桌小雨歪着脑袋，一只手托着下巴看着班长，"谁让他爸爸妈妈离婚了！"

"唉……"莉莉叹了一口气，"大人们做事从不替我们小孩着想！"

"是呀！可怜的强仔到现在还不能接受这个现实呢！"小雨也叹了一口气，"希望强仔能早日走出伤痛！"

此刻，强仔正躺在自己的床上默默地流眼泪。

今天是强仔的生日，可是没有爸爸的生日怎么过？强仔的眼前浮现出去年过生日的情景——

那天正好是周末，爸爸和妈妈带着他去游乐园玩了所有的项目。当一家人坐在云霄飞车上一起尖叫的时候，强仔清楚地听到爸爸大喊："强仔，爸爸爱你——"

可恶！既然爱我为什么要和妈妈离婚？

强仔擦了擦眼角的泪水坐起来，他穿着拖鞋走出房间。客厅的餐桌上放着一个生日蛋糕，妈妈则坐在餐桌边看着他。

"强仔，我们可以谈一谈吗？"妈妈问。

"谈什么？"强仔看到妈妈不禁冒出一股怒火来，"你们为什么要离婚？你们为什么不想想我的感受？现在，我们班的同学都知道你们离婚了，我在同学们面前都抬不起头来！"

"强仔——"妈妈的声音高了几分，她压着怒火对强仔说，"我和你爸爸离婚有我们的理由，你是小孩，你不要干涉大人的事情！"

"大人的事情？可是你们这么做受伤害的是我——是我——"强仔越说越生气，他忍不住冲到餐桌边，一把将蛋糕推到地上。

啪！蛋糕摔得稀巴烂。

"你——你——"妈妈指着强仔，半天说不出话来。

"我恨你——我也恨爸爸——"

说完，强仔走到门口换双鞋，跑出了家门……

为什么我这么倒霉？为什么偏偏是我的爸爸妈妈离婚了？强仔趴在公园的椅背上不停地问自己。为什么？为什么？为什么……

"爸爸，妈妈——"

强仔的眼前，一个蹒跚学步的小女孩笑眯眯地扑向前面伸着双手的爸爸和妈妈。

唉，我曾经不也是如此幸福吗？看着小女孩被爸爸和妈妈拥在怀里，强仔觉得自己的心碎了。

"强仔……"一个声音闯进了强仔的耳朵，强仔回头一看，竟然是大队辅导员林老师。

"林老师，您好！"强仔勉强挤出一个笑容。

"我刚陪妈妈去医院检查身体！"林老师说着，指了指另一张座椅上的人，"她得了癌症，需要做化疗！"林老师说到这里，叹息一声，在强仔身边坐下。

"强仔，你知道吗，我像你这么大的时候，我爸爸妈妈也离婚了！"

"什么？您也是单亲家庭的孩子？"强仔吃惊地看着林老师。

"是的！"林老师点点头，说，"当时我和你一样痛苦，可是我想我是小孩，根本没有办法说服父母，也没能力让父母复婚。既然这样，我唯一能做的就是面对现实，接受现实！"

"唉……"强仔摇摇头，"我也这么对自己说，可是我始终走不出这个阴影！在学校，在小区，当别人指着我嘀咕的时候，我就有一种低人一等的感觉！"

"你的心情我非常理解！"林老师扶着强仔

的肩头说，"可是事情已经如此，你不接受又能如何呢？想想看，你的妈妈已经遭受了离婚的痛苦，难道还要她背负对你的内疚吗？大人离婚受伤害的是孩子，这点他们都懂！可是对大人来说，不到万不得已，谁都不会选择离婚！我记得我爸爸妈妈离婚后，我也像你一样，

整天躲着人，不想和任何人说话，也不想上学。后来，我的外婆告诉我，强迫不相爱的人住在一起是对他们的一种折磨！如果你爱爸爸，爱妈妈，就应该让他们幸福地过自己的生活！"

"林老师，他们幸福了，可我很痛苦！"强仔不满地握着拳头，"他们的幸福不应该牺牲我的幸福来换取吧？"

"从表面上看，你说的似乎有点道理，可是你仔细分析一下！你是愿意和整天吵吵闹闹的爸爸妈妈生活在一起，还是愿意拥有一个和平、宁静的家呢？"林老师指着那张座椅上的人说，"其实她不是我的亲妈妈，而是和我爸爸重新组成家庭的后妈！"

"后妈？"

"'后妈'听起来很可怕，可是当我试着接纳她的时候，我同样得到了无私的爱！现在，我常这样想：我有生身母亲的爱，也有后妈的爱！在这个世界上，我多了一个爱我的人，不是很好吗？"

"林老师……"强仔抬起头看着林老师，想说点什么，却见林老师站起来，走到"后妈"身边，亲密地挽起"后妈"的胳膊，然后冲他招手：

"强仔——快回家去！希望明天早上，我能在学校看见你！"

强仔和林老师告别后，坐在椅子上想了半天，最后站起来慢慢向家走去。

刚进门，强仔就愣住了。餐桌边，妈妈正在吃他推到地上的生日蛋糕，妈妈的脸上挂着一串串泪珠。

"妈妈——"强仔忍不住叫了一声。

"强仔，妈妈对不起你！"妈妈说到这里，轻声啜泣起来。

"妈妈，我希望您幸福！"强仔拉着妈妈的手认真地看着妈妈，"大人的事情我虽然不完全懂，但是我从心底希望妈妈幸福，希望爸爸幸福！"

"强仔……"妈妈像看一个陌生人一样看着强仔。

接着，强仔和妈妈一起吃了摔碎的生日蛋糕。强仔想：碎了的生日蛋糕不也是甜的吗？

第二天，强仔精神饱满地出现在教室里，同学们纷纷给予他拥抱和掌声。是的！没有完整的家庭，我还有温暖的班集体！强仔决定让自己的生活重新回到轨道上来。

爸爸和妈妈离婚让强仔瞬间长大了。

他变得成熟了。

在学习上，他更努力，更主动了；在班级中，他学会了理解别人，关心别人；在家里，他主动帮妈妈做家务，陪妈妈说话，当然也会去看爸爸……

一年后，强仔带着喜糖走进教室宣布："我妈妈结婚了！我多了一个爸爸，他爱妈妈，也爱我，我又有了幸福完整的家！"

刷刷姐姐让你选

在你认为合适的选项中打"√"

你在生活中遭受过打击吗？面对家庭的突发事件，你能坦然接受吗？你会如何安慰身边遭受打击的人？

选项1（ ） 某同学的妈妈突然遭遇车祸去世了，我和几个同学一直在关心他，鼓励他，帮助他从失去亲人的阴影中尽快走出来。

选项2（ ） 当同学遭遇不幸后，我会默默地陪伴在他身边，给予他鼓舞和安慰，让他一点点地接受现实。

选项3（ ） 人生充满了各种不确定的因素，所以我会在挫折和突发事件面前锻炼自己的意志，提高自己的承受能力和抗压能力。

选项4（ ） 虽然我目前的生活一帆风顺，但是我相信平静的海面总会有波浪起伏的时刻，我不会惧怕突如其来的变故，我会勇敢地面对现实，在各种考验中锻炼和提升自己。

有位哲学家说："每一朵乌云的背后都隐藏着金色的阳光！"

当困难、伤害、考验、挫折等出现在你面前的时候，请你勇敢地迎接它们，战胜它们！一个人要成长就要不断地面对现实生活中的各种磨难，尽管这些磨难可能令我们哭泣、伤怀，但是无力改变现实的时候，我们不妨坦然接受它们，并以此激励自己振奋精神，勇敢地迎难而上。

男生们，加油吧！勇敢地面对现实！不逃避的男生才能更快速地成长！相信你们是勇敢的男生哦！

刷刷姐姐为你 **加加油**

朋友宁缺毋滥

今天是每年一次的春游日,学校安排五年级的同学到"魔幻谷"游玩。

旅游车刚在景点大门口停下,车厢里的同学就迫不及待地挤向车门,争着、抢着下车。

"玩去喽——"李海一挥手,好几个同学就跟在了他后面。

"我们先去玩'仙人岛'!"刘晓云拉着两个女生向前冲去。

"我们去玩'魔法森林'——"

"我们去……"

很快,同学们三个一群,五个一伙地消失在了"魔幻谷"的入口处。

"小鹏,你怎么不去玩?"班主任朱老师一扭头,发现小鹏背着旅行包孤零零地站在车门前。

"我……我马上就去玩……"小鹏尴尬地冲朱老师挤出一丝微笑。

"小鹏。"朱老师指着远处的几个同学说,"看!你的同桌刘强在那儿呢,他是你的朋友吧?快去和他一起玩儿吧!"

"朋友?"小鹏琢磨着这两个字,心底涌起了一股苦涩感。

小鹏是一个腼腆的男生。他长得比同龄的男生矮小些,他皮肤白,看上去有些弱不禁风。

记得有一次上体育课,老师安排男生打篮球。小鹏好不容易争取到上场的机会,谁料在中场被刘强用力一撞,不但摔了个难看的四脚朝天,

还把胳膊弄骨折了。

"小鹏，你是不是男生？"刘强看着扎着绷带的小鹏直抱怨，"我只这么轻轻一撞（只有上帝和小鹏知道刘强的轻轻一撞是多么可怕），你就摔倒了！摔倒就算了，你胳膊怎么还骨折了？唉，你是不是用纸糊的？"

"你——"小鹏被刘强说得无言以对。

"是呀！就算是女生，也不会这么容易骨折吧？"

那次体育课后，男生们便把小鹏"驱逐"出了他们的队伍，理由是小鹏太"脆弱"了。小鹏去和女生玩吧？女生们又纷纷笑话他："哎哟——小鹏，你真的要加入女生的队伍吗？"

就这样，小鹏成了班里的"边缘人"，成了"独立大队"的队长兼唯一的队员。

"唉……"小鹏想起以前的事就忍不住叹气，叹完气还是只能孤独地向前走去。

一小时后，朱老师和小鹏意外地相遇了。

"小鹏，你怎么还是一个人？怎么不和其他同学一起玩呢？"朱老师有些惊讶地看着小鹏，"难道你没有朋友吗？"

"朱老师……"小鹏郁闷地点点头，"我没有朋友！"

"小鹏，朋友不是自己送上门来的，你要去发现，去挖掘，去交往呀！"

"朋友需要挖掘吗？"

小鹏半信半疑地看着朱老师，决定试试看。

春游回来后，小鹏还没来得及"找朋友"，"朋友"就主动找上他了。

事情是这样的——

课间休息的时候，小鹏去上厕所。可刘强把胳膊撑在门上，不让小鹏进："小鹏，你走错地方了！你应该去隔壁的女厕所！"

"哈哈，哈哈！"厕所里的男生发出一阵嘲笑声，小鹏的脸噌地一下红了。

"刘强，你……你让开！"小鹏急得要死，忍不住去推刘强的胳膊。可他连推好几下，刘强仍然纹丝不动。

"小鹏，你连我的一条胳膊都推不动，你说你该不该去隔壁的女厕所？"

"你——"小鹏被刘强气得话都说不出来，无奈之际，身后突然响起了一个粗声粗气的声音："刘强，你给我让开——"

"哇——"刘强看到小鹏身后的人，顿时一收刚才的嚣张面孔。刘强乖乖地收回胳膊，挤着笑脸对小鹏身后的人说："阿亮，我正和小鹏开玩笑呢！你别生气！别生气啊！"

"阿亮？"小鹏回头一看，果然是隔壁班的阿亮。

阿亮可不是一般的男生哦！

小鹏经常从同学口中听说阿亮的"英雄事迹"，比如上课时在老师眼皮子底下睡觉，气哭过老师，一个人能和五个男生打架……阿亮是年级里出了名的"大哥大"！

"刘强，我告诉你，小鹏是我的朋友，你不要欺负他！"阿亮拍着小鹏的肩膀说。

"什么？小鹏是你的朋友？"刘强吃惊地看着阿亮，小鹏也张大嘴巴看着阿亮。

"真想不到，小鹏竟然和阿亮是朋友！"厕所里的男生面面相觑。刚才还戏弄小鹏的刘强则笑嘻嘻地对小鹏说："小鹏，刚才只是和你开玩笑，别介意哦！"

"嘿嘿！"小鹏看着与刚才判若两人的刘强，心里明白：因为阿亮是自己的"朋友"，刘强这个"势利眼"才不敢欺负自己。

很快，阿亮身边的几个男生也和小鹏熟起来。他们有时带着小鹏打篮球——虽然多数时候是让小鹏帮他们捡球；有时邀请小鹏去网吧——虽然多数时候是让小鹏给他们埋单；有时喊小鹏一起逛夜市——虽然多数时候是让小鹏帮他们背书包……尽管有时候小鹏很不乐意，可是他安慰自己：有朋友总比没朋友强！

一天放学后，阿亮叫住正要回家的小鹏，让小鹏跟他去男厕所。

"去厕所干什么？"小鹏不解地问。

"你去了就知道了！"

很快，小鹏跟着阿亮走进了男厕所。

"咳咳咳——"一进门，小鹏就闻到了一股香烟味儿，"哇——你们怎么在抽烟？"小鹏瞪大眼睛，"小心被校长发现！"

"小鹏，别嚷嚷！"阿亮递给小鹏一支烟，"够朋友就来一支！"

"啊——这——"小鹏的嘴张得好大。过了一会儿，他伸出手慢慢地，慢慢地，接过烟，然后学着阿亮的样子抽起来……

几天后，阿亮因为没有交作业被老师罚抄课文十遍。为了报复老师，阿亮指使小鹏去扎破老师的自行车轮胎。小鹏不想干，于是阿亮威胁他："我们是不是朋友？不干就不和你做朋友了！"

唉，没办法，小鹏只好拿着"作案工具"走进了车棚……

　　看着老师推着自行车走回家的身影，阿亮拉着小鹏在一边嘿嘿嘿地怪笑起来："小鹏，你真够朋友！走，我们去逛逛！"

　　"天快黑了，我们还去哪儿逛？"小鹏摸摸身上的书包说，"我还没写家庭作业呢！"

　　"写什么作业？！明天我找人替你抄一份！"阿亮说着，脸上露出了一丝神秘的笑容，"小鹏，你今天会有意外收获哦！"

　　"哦？什么意外收获？"

　　小鹏带着大大的疑问和阿亮来到一条僻静的小巷。在巷口，小鹏发现阿亮的几个"死党"站在那里。

　　"我们要干什么？"小鹏问，可是没人回答他。只见阿亮的"死党"之一——小智指着不远处说："快，快准备好！她来了——"

　　"谁来了？"小鹏踮起脚想看看是谁来了，可是几个人马上把他拖到了巷子深处。

　　啪嗒啪嗒啪嗒！一个女孩的脚步声由远及近。她刚走进小巷，阿亮就带着"死党"围了上去。

　　"露露，今天你跑不掉了吧！"阿亮不怀好意地看着露露。

　　"你，你要干什么？"露露惊慌失措地看着阿亮，"你……咦？"露露看见了站在阿亮身后的小鹏，

脸上露出求救的表情，"小鹏，我们是同班同学，你快救救我吧！"

"阿亮，你们要干什么？"小鹏预感会有不好的事情发生，他紧张地看着阿亮，"露露是我们班的女生……"

"你们班的女生怎么了？"阿亮不理小鹏，一把搂住露露的脖子问，"露露，做我的女朋友怎么样？"

"你放手！你放手！"露露一边挣扎，一边用力推阿亮。

"别害羞，让我亲亲你——"阿亮说完，真的在露露的脸上亲了一下。

"你下流——"露露一边骂，一边向小鹏求救，"小鹏，救救我——救救我——我们可是一个班的同学！你不能袖手旁观呀！"

"阿亮，不要欺负女生……"小鹏试图劝阻阿亮，可一旁的小智生气地警告小鹏："是朋友就不要多管闲事！欺负欺负女生有什么关系？来，我们一起看看露露的……"

"嘻嘻——哈哈——"

面对几个无赖，露露不断反抗，咒骂，她咬牙切齿地对呆站在一边的小鹏说："小鹏，我恨你！我恨死你了！"

第二天，欺负露露的人被校长——喊进了办公室。

朱老师听说小鹏也参与了此事，气得恨不得打小鹏一顿。当着校长的面，朱老师质问小鹏："你怎么和这些人交朋友？你不知道朋友宁缺毋滥吗？"

"我……我……"面对朱老师的质问，小鹏无言以对。

被朱老师痛斥一顿后，小鹏回到教室，刚进门，他就看到露露仿佛看仇人一般的愤怒眼神。因为羞愧，因为懊恼，小鹏恨不得立刻钻到地下去……当然，此刻他更在反省：我到底该不该交朋友呢？我到底应该交什么样的朋友呢？

 在你认为合适的选项中打"✓"

你会有选择地交朋友吗？你知道为自己找什么类型的朋友才合适吗？

选项1 （ ） 我喜欢和班里有钱的同学交往，因为我可以白吃很多零食，还可以得到很多礼物。

选项2 （ ） 我的好朋友都是知心朋友，我们会交流学习心得，会谈论共同话题，当然也会在伤心难过的时候安慰彼此和共渡难关。

选项3 （ ） 谁对我好，我就和谁做朋友！我不在乎对方是谁，也不在乎对方的成绩棒不棒，品德好不好，只要能让我开心，就是我的朋友！

选项4 （ ） 我是一个胆小的人，所以我会主动和胆子大的同学交往，希望这样能锻炼我的胆量。对了，哪怕他们让我搞些恶作剧，只要不违法，不会带来严重后果，我也会偶尔为之哦！

在一个班集体中，没有朋友的人是可怜的，交往的朋友是"坏人"的人是可悲的！

所谓"近朱者赤，近墨者黑"，可见择友是多么重要！你可以选择有共同兴趣爱好，真诚，有理想、爱心的人做朋友，当然也可以选择勤奋、忠厚、脚踏实地的人做朋友。不管选什么人做朋友，你都得牢记一条：朋友应该带给你好的影响！

男生们，加油哦——朋友宁缺毋滥！请尽量选择能在学习和做人上彼此促进、共同发展的人做朋友！

别为争夺女生打架

出了校门，林乐和张洋便气势汹汹地来到街心公园"摆场子"。

"摆场子"是卖什么小商品吗？ NO——他们这是要拉开阵势，打上一架呢！

"张洋，你说，你以后还敢和茜茜说话吗？"林乐挥着拳头质问张洋。

"切！茜茜又不是你的，我为什么不能和她说话？倒是你小子要注意些，别没事总往她的座位上跑！"说到这里，张洋忍不住挽起衣袖，"想打架？也不掂量一下自己！"

"你不要太嚣张了！"林乐说着，挥拳打向张洋。

"你还真动手？"张洋身体一闪，躲过林乐的拳头后，迅速抬起脚对着林乐的屁股猛地一踹。

"哎哟——"林乐捂着屁股，愤怒地转过身反踢一脚，正中张洋的肚子。

"该死——今天不好好教训你，你就不知道我的厉害！"张洋甩开外套，很快和林乐扭打在一起。

"别打——别打——"正在公园里游玩的市民纷纷围上来劝架。

一位老爷爷急得直接冲上去，用身体隔开林乐和张洋，高声质问："你

们两个男同学为什么打架？"

"哼！"

"哼！"

林乐和张洋没回答，只是怒视着对方。

"你们是一个班的同学吗？"

"嗯！"林乐点点头，张洋也点点头。

"既然你们是一个班的同学，为什么要打架？"老爷爷看着林乐和张洋，严肃地问，"有什么矛盾非得用打架的方式解决？"

"他……"

"他……"

林乐和张洋同时抬起手指着对方，可是似乎两人有什么难言之隐，最终一起垂下头，不再说话。

"老爷爷，您别问了！"突然，从人群中走出一位戴眼镜的男生，"他们打架是为了一个女生！"

"什么？他们为了一个女生打架？"老爷爷简直不敢相信自己的耳朵，便忍

不住问戴眼镜的男生，"你说他们为了一个女生打架？"

"是！"戴眼镜的男生用力点点头，"我是他们的同学——小乐。"

接着，小乐慢慢道出了事情的来龙去脉——

林乐和张洋原来是一对好朋友，两人经常在一起打篮球、踢足球。可自从班里来了个转学生茜茜后，他们的关系就发生了"质变"。

茜茜是一个活泼、漂亮的女生。自从她来到班里以后，男生们总会以各种理由找她说话，找她玩。开始，林乐和张洋总是一起约茜茜去逛街，去游乐场，去书店……可一段时间后，他们两个人都有了各自的想法。

有一天，三人到游乐场玩滑板。茜茜不会滑，林乐便上前扶着茜茜教她滑。一边的张洋也想教茜茜，可是林乐不停地指使他，一会儿让他去买饮料，一会儿让他去买纸巾，一会儿又让他帮忙看休息椅上的外套。

可恶！看着林乐拉着茜茜的手，张洋心底升起了一团怒火。凭什么你教茜茜玩滑板，我在一边当"仆人"？想到这里，张洋便怒气冲冲地走到林乐面前说："林乐，你去看着东西，我来教茜茜！"

"教什么？茜茜累了，现在我们去休息吧！"说完，林乐拉着茜茜走向休息椅。而茜茜呢，为难地看着张洋，略有歉意地笑了笑。

哼！林乐，你竟然和我"抢"茜茜，太过分了！这之后，张洋约茜茜去玩的时候，总忍不住提醒茜茜："我们不带林乐去！"

林乐呢，发现张洋偷偷约茜茜，便在单独和茜茜去图书馆的时候，不停地嘱咐茜茜："我们以后不和张洋一起玩！"

就这样，林乐和张洋因为都想单独和茜茜玩，渐渐疏远对方，并开

始相互抵触。当然，在疏远和抵触的同时，他们也在茜茜面前用力攻击对方：

"茜茜，别和林乐玩了！他成绩没我好，你和他玩成绩会退步哦！"

"茜茜，别和张洋玩了！他家条件差，连顿肯德基都请不起！"

"茜茜，别和林乐玩了！他在班里没什么人缘，你和他玩，大家会疏远你哦！"

随着攻击"火力"的升级，林乐和张洋开始在茜茜面前诋毁对方。

"茜茜，张洋的爸爸是劳改犯，你离他远些！"

"茜茜，林乐的妈妈是赌鬼，你千万不要再和他说话了！"

对茜茜来说，林乐和张洋的所作所为令她感到非常苦恼和无奈。她问他们："难道我们三个人不能一起玩吗？不能和睦相处吗？"

"NO——"

林乐和张洋坚决不同意，因为他们觉得自己不能"独霸"茜茜，就说明自己没对方有本事，有损自己的男子汉尊严！

小乐说到这里，问林乐和张洋："我说得没错吧？"

"没错！"两人一起点头，然后又像看敌人一般看着对方，"我就是看不惯你和茜茜在一起说说笑笑的样子！"

"我也看不惯你们现在这个样子！"

一个清脆的声音从人群外围传来，接着，一个背着书包的女生走到林乐和张洋面前——周围的人顿时明白了，这个女生肯定就是故事里的茜茜。

"其实我把林乐和张洋都当成我的好朋友！我认为一个班的同学，就应该和睦相处。可是我没想到他们竟然把我当成展现自己'本事'的筹码！对此，我非常反感和厌恶！现在，为了公平，我宣布，我以后再也不和林乐说话，再也不和张洋来往了！"茜茜说完，走到小乐面前说："我不是男生抢夺的战利品，所以我选择和尊重我、真正把我当朋友的同学做朋友！小乐，我们走吧！"

茜茜和小乐一起转身离去。

林乐和张洋看着茜茜和小乐的背影沉默了好久，然后看看彼此，一起叹息："想不到我们谁都没赢得茜茜的青睐！唉，女生真是'变色龙'，说不理你就不理你！看来我们还是应该把男生之间的友谊看得更重要些才对！"

"你们呀——"老爷爷听完林乐和张洋的话，语重心长地说，"当你们拼命想留住的女孩离开你们的时候，你们就会明白自己做了一件多么愚蠢的事！仔细想想看，男生为了女生打架的理由是什么？是不是为了献殷勤？逞英雄？这么做值得吗？伤害自己的好朋友去博取女生的欢心，是一件值得炫耀的事吗？"

"这……"

老爷爷的话让林乐和张洋羞愧得满脸通红。片刻后，在大家的注视下，林乐和张洋的手握在了一起……当着众人的面，他们重归于好啦！

在你认为合适的选项中打"√"

你会为了女生打架吗？你在乎自己和其他男生的友谊吗？

选项1 （ ）
兄弟如手足，我怎么会为了一个女生而伤害兄弟呢？我是一个把兄弟看得重于女生的男生！

选项2 （ ）
如果是我喜欢的女生，为她打架不丢人，因为我要保护我喜欢的女生嘛！

选项3 （ ）
我发现我喜欢的女生在我为她做了很多事情后，她反倒不把我当回事！所以，让我为女生打架，我会反复掂量是否值得！

男生为了争夺女生而打架，是一种非常傻的做法！因为，你现在"争夺"的女生并不会永远"属于"你！何况女生并不喜欢让"粗鲁"的男生充当自己的"打手"！当然，当女生遇到坏人的时候，你挺身而出保护她是值得赞赏的。

男生们，加油哦！别为争夺女生打架！因为打架不仅无法赢得女生的青睐和赞赏，还会失去珍贵的友谊！

刷刷姐姐为你
加加油

初恋
需要理智

　　走廊上，小军正和几个男生天南地北地侃着。突然，凯凯用肩膀顶顶小军，轻声说："你看，金老师身边的女生是谁？长得可真漂亮！"

　　小军扭头看过去，金老师身边站着一个十分漂亮的女生。她有着圆圆的脸蛋，弯弯的眉毛，黑亮的眼睛在雪白的面庞上犹如一对闪亮的小星星。

　　"这女生真漂亮！"小军在心里赞叹道。

　　"这么漂亮的女生是哪个班的？"凯凯问小军。

　　"问我，我怎么知道？"

　　小军又扫了女生一眼，不知金老师说了什么，她笑得脸颊绯红，看起来就像一朵美丽的花儿。小军的心里顿时荡起了一阵涟漪，一种奇怪的感觉在他的心底游走。

　　"大家快进教室——"金老师走到教室门口，招呼走廊上的同学，"我有重要的事情宣布！"

　　"哦——"大家三三两两地走进教室。

　　小军坐到座位上，问身边的凯凯："这个女生不会是转学到我们班的新同学吧？"

　　"嗯！肯定是的！"凯凯用力点点头。

　　"同学们，这是我们班的新成员——嫣儿！请大家用热烈的掌声欢

迎她加入我们班！"金老师的话刚说完，教室里便响起了热烈的掌声。特别是小军，他十分用力地拍着手。

"嫣儿是在日本出生的中国人！这是她第一次回国！"金老师说到这里，示意嫣儿和大家打招呼。

"大家好，请多多关照！"嫣儿冲大家弯腰行礼——标准的九十度。

"空你喜哇（你好）——"凯凯站起来说了一句怪腔怪调的日语，同学们顿时大笑起来，嫣儿也捂着嘴笑起来。

"凯凯，你这个调皮鬼！"金老师故意绷着脸说，"罚你坐到后面一排去！"

金老师扶着嫣儿的肩膀走到小军面前说："你和小军坐一起吧！小军是我们班的'三好学生'！"

"你好！"嫣儿伸出手。

"你……你……你……"小军从没和女生握过手，面对漂亮的嫣儿，他紧张得说不出话来。

"小军，你脸怎么红了？"凯凯凑过来打趣地说，"难道你不愿意和嫣儿同桌？"

"愿意！我愿意！"小军急忙说，惹得周围的同学一起大笑。

"唉……金老师！"凯凯郁闷地看着金老师说，"求您罚我和嫣儿同桌吧！"

"哈哈，哈哈，哈哈！"大家笑得更疯狂了。

在笑声中，嫣儿坐到了小军身边。

下课了，大家围着嫣儿问东问西，有的问日本的校园生活，有的问日本作业多不多，还有的问嫣儿家有没有正宗的日本漫画……嫣儿呢，不停地反问大家玩什么

游戏，看什么书，课余时间做什么……

　　自从和嫣儿同桌后，小军就成了嫣儿的私人咨询师。嫣儿有什么困难，有什么不懂的事情总会向小军求助。

　　"小军，我的中文不好，你能多辅导辅导我吗？"放学的时候，嫣儿邀请小军到自己家做客，同时提出一个有趣的建议，"作为交换，我请你看日本漫画书和动画片！"

　　"这种交换我不需要，我想……"小军看着嫣儿，故意不说后面的话。

　　"你想要什么？"嫣儿瞪大眼睛看着小军。

　　"我想请你教我日语！"

　　"哇哦——问题没！"嫣儿用力地点着头。

　　"不——不是'问题没'，而是'没问题'！"小军纠正道。

　　"是！小军老师！"嫣儿冲小军顽皮地吐吐舌头说，"前辈，你除了学习好，长得也好帅哦！"

　　小军看着扮鬼脸的嫣儿，心里甜丝丝的，满是欢喜和爱慕。是的，小军在这一刻喜欢上了嫣儿。

　　"调皮鬼！"小军拉了拉嫣儿的辫子说，"希望你好好学中文！否则我就把你的长辫子拉下来！"

　　"哈哈，好可怕的家伙——"

　　嫣儿和小军开始教对方语言，随着时

间的流逝，两颗幼小的心靠得越来越近。他们常常一起逛街，一起看电影，一起去公园……嫣儿的笑脸和身影充满了小军的整个生活。

那一天，在一棵长满绿叶的大梧桐树下，小军勇敢地向嫣儿"告白"了。

"我喜欢你！做我的女朋友吧！"

嫣儿羞涩地点点头，然后，嫣儿的手和小军的手亲密地握在了一起……他们在对方的眼睛里看到了自己的身影，他们心中都洋溢着说不出的喜悦。

小军和嫣儿开始了美好的初恋。

他们在写作业的时候，将胳膊轻轻靠在一起；他们在上自习课的时候，悄悄递给对方一张画着心的纸条……

恋爱的感觉真美！真妙！

小军觉得自己越来越离不开嫣儿了，嫣儿已经在他心中占据了非常重要的位置。可是，小军这种美好的感觉并没持续多久，苦恼就来了。

因为喜欢嫣儿，所以小军讨厌其他男生和嫣儿说话，更不希望其他男生约嫣儿玩。当嫣儿和其他男生说笑的时候，

小军就得忍受巨大的折磨，而这种折磨使他无法再像以前那样认真学习，他的成绩在恋爱的干扰下明显退步了。

"小军，你最近考试成绩怎么退步这么多？"妈妈关切地问。

"没……没什么……"小军把脸转向一边，不敢和妈妈对视。

"小军……你有心事吗？"妈妈摸了摸小军的头，"想和我谈谈吗？"

"妈妈，我没事！您忙去吧！"小军推开妈妈的手，坐到桌前装出温习功课的样子。

妈妈无言地看着小军，沉思片刻后走出了他的房间……

几天后，小军发现自己枕头边多了一本书——《阳光寄给你》。小军好奇地抓起书，发现书里有一页被折了角。

"这是什么书？"小军在折角的地方读起来。

很快，他便发现书里写的故事与自己此时的处境十分相似。

一对少男少女，彼此产生了美好的爱慕之情。为了珍惜这种纯真的感情，更为了奔向灿烂的未来，两人相约将爱慕之情转变成激励自己努力学习的动力。两人竞争着求知和上进，使朦胧的初恋变得更珍贵，更美好，更高尚。

合上书的时候，小军有种放下包袱的轻松感。他抓起笔，将书里的一段话抄在纸上，准备次日送给嫣儿——

有时候爱情需要我们等待！因为只有等待过的人才能体会到爱情的芬芳和美妙！

 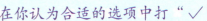

在你认为合适的选项中打"✓"

在班里有你喜欢的人吗？你会如何处理这种朦胧的感情呢？

选项1 ( ) 我喜欢班里的某个人时，我就会多找她玩。当然，我对同学的感情仅仅是喜欢，不会像大人那样去"谈恋爱"。

选项2 ( ) 我喜欢某个人的时候，我就会更努力地学习和上进，让自己变得更优秀，以此让她注意我。

选项3 ( ) 喜欢一个人没有错，错的是把喜欢发展成幼稚的爱情，毕竟我们还是学生，还不懂爱情的真谛！

初恋对每个人来说都只有一次！初恋时，我们往往不懂爱情，还不能领悟爱情的真谛，当然也担负不起爱情的责任。所以，当你想尝试初恋的时候，你一定要理智，再理智！因为你还不成熟，在初恋的时候往往喜欢加入自己的幻想，容易冲动，也容易狂热和痴迷！你和"恋人"如果遇到挫折，就会争吵，产生不快，甚至伤害彼此！

男生们，加油哦！初恋需要理智！珍惜这种美好的感情，不要让它成为麻烦或苦恼哦！学会冷静和理智地对待这种感情，因为冷静和理智会让你们做出正确的选择！

刷刷姐姐为你
加加油

第13站

加油站

勇敢承认
自己的缺点

竞选大会

"志强。"早读课的下课铃刚响,同桌露儿就问志强,"你看见校门口的海报了吗?"

"嗯?什么海报?"志强饶有兴趣地说,"跟我说说!"

"学校少先队大队委招募旗手呢!"露儿说到这里,眼睛里闪出点点亮光。

"真的?"志强的眼前立即浮现出少先队活动中,旗手们出旗和退旗时的飒爽英姿,忍不住说,"当旗手好神气,好威风!我……我也想当旗手!我们一起去报名吧!"

于是,志强和露儿结伴到大队部报名。

刚走到门口,他们就看见有十多个同学围在大队长郭宜身边。

"大队长,我报名!"

"我也报名!我要报名当旗手!"

"好好好!"

郭宜不愧是大队长,面对这乱哄哄的场面镇定自若,他自有"治理"的办法。只见郭宜扫了周围的同学一眼,说:"当旗手最重要的一点就是服从大队长的领导,你们这么乱,我可没法领导!"

"哈哈,哈哈!"周围的同学一阵大笑,伴随着笑声,大家迅速排

成一条"长龙"，规规矩矩地站在郭宜面前。

"嗯嗯嗯！不错！"郭宜满意地点点头，然后拿出一沓报名表说，"请大家先填表，在放学前把表交到大队部办公室。周六上午 8：30，所有报名的同学到校参加旗手竞选演讲！"

"好好——"

大家齐刷刷地冲郭宜点头，然后小心地拿着表，满意地散开……

"志强，你也要参加竞选吗？"郭宜看见志强时，毫不掩饰地皱了皱眉头。接着，两道犀利的目光从郭宜的眼中射向志强。

"嗯……我……"志强的脸突然红了。

瞬间，上学期的事情浮现在志强的眼前——

那天是少先队"学雷锋，做好事"的活动日。

志强跟着大家到指定的幼儿园帮忙打扫卫生，当时队长分派给他的任务是擦走廊的墙壁。志强虽然是五年级的学生，可是一进幼儿园，他就被里面好玩的东西吸引了。

当别人分头认真干活的时候，志强溜进教室，一会儿弹钢琴，一会儿玩积木，一会儿翻图书……志强只顾着玩，完全忘记了自己有任务在身。当大家做完工作准备离开时，志强才匆忙抓起抹布，胡乱地在墙壁上抹几下。而他马马虎虎、企图蒙混过关的小伎俩被郭宜窥破。

糟糕！郭宜看我的眼神这么犀利，会不会阻止我竞选旗手呢？

志强心里七上八下的，充满了不安……

周六，志强走进竞选现场，惴惴不安地坐到椅子上。说心里话，志强向往当一名旗手，可是大队长郭宜对旗手的任用有"生杀大权"，做事一丝不苟的郭宜能"放过"志强吗？唉……志强一想到打扫幼儿园那件事，就懊悔不已！

话说回来，自己平时的表现不也

"够呛"吗？志强想起自己平时的所作所为：轮到自己值日的时候，自己总想着偷懒；让自己负责班里的事情，自己便找借口推诿；甚至让自己给生病的同学送作业本，自己也推三阻四……唉——自己有这么多"毛病"，怎么可能当上旗手呢？我……我真不该报名呀！想到这里，志强浑身不自在，屁股下好像有颗大钉子似的，扎得他一刻也坐不住了。算了，我还是走吧！志强准备离开竞选现场。谁知他刚站起来，舞台上主持竞选大会的郭宜就冲他大喊："志强同学，请你上台发表旗手竞选演讲！"

"我……我……"志强看看四周，今天来的人很多。除了参加竞选的同学，还有很多老师和同学坐在台下看"热闹"。

没办法！志强只能硬着头皮走到舞台上。谁料，他还没开口，台下就冒出几个质疑的声音。

"他在我们班表现很差，怎么也来竞选旗手？"

"是呀！上次让他打扫厕所，他就装肚子疼，还不是为了逃避劳动！"

"这种人如果当旗手，真是对我们的一种羞辱！"

舞台下的议论声越来越大，郭宜见志强一脸尴尬，便站出来维持纪律："大家安静！既然是公开竞选，就让我们听一听志强同学的演讲！"

志强把手伸进口袋，将演讲稿揉成一团——那上面都是他事先准备的豪言壮语。现在，志强决定把这些都抛到一边，他要当着大家的面，勇敢地承认自己的不足和缺点。

"我不是一个完美的人，我有很多缺点！"

志强这话刚说出口，大家就停止了议论，所有人都把目光移到了他身上。

"我是一个做事马虎、懒惰，又总只想着自己的学生！"志强说到这里，脸一下子红了，"我有很多缺点，甚至可以说我不是一个合格的少先队员！"

志强的话令大家感到惊愕，人群中发出一阵骚动。

"他这是怎么了？他是不是不想当旗手，怎么说自己有很多缺点？"刚才说志强不够好的同学诧异地看着志强。

"是呀！哪有人在竞选的时候说自己不好呢？这还怎么竞争？"

"他是不是脑子坏了？"

舞台边站着的郭宜意味深长地看了志强一眼，再次站出来维持纪律："大家安静！让我们听完他下面的话！"

"当旗手们在大队活动日站在我面前的时候，我特别特别羡慕他们。他们看起来是那么神气，那么帅，那么威风……"

"哎哟——他当旗手的目的原来是想耍帅、耍威风呀！"突然，一个不满的声音毫无顾忌地唱起了反调，"这样的人怎么可以当旗手？"

志强听到这话，脸又变得通红，但是他知道，此刻他必须将心里的话说出来。于是，他深吸一口气，大声说："我从内心羡慕队旗边站着的旗手们！我觉得做少先队的旗手是神圣和光荣的！我向往这份神圣和光荣！我想，鲜红的队旗一定能提醒我在以后的日子里严格要求自己，约束自己！同学们，我想当旗手！虽然我现在有很多不足和缺点，离一个合格的旗手还有距离，但是我愿意为争当一名合格的旗手而努力改变自己，用行动证明自己！同学们，我相信你们都愿意给我一次机会！因为，你们不会让一个渴望进步的同学失望！"

"……"

在场的人都愣住了！

志强呢，他转身对郭宜说："大队长，去年参加活动的时候，我偷懒的行为让我觉得无地自容！我知道此刻说什么都没有用，但是请你相信我，从此刻开始，我将严格要求自己，决不给我们美丽而神圣的少先队队旗抹黑！我会为成为一名优秀的少先队旗手而不断努力！"

哗啦啦！哗啦啦！台下发出雷鸣般的掌声。

"志强，说得真好！"

"是呀！人无完人，如果能看到自己的缺点并努力改正，不是值得赞美的吗？"

"为什么不给渴望进步的同学机会呢？说得好，我愿意给你一次机会！"

"志强的竞选发言真诚感人！我投他一票！"

"我也投他一票！"

当志强走下舞台的时候，他相信他发自肺腑的演

讲能赢得大家的支持。特别是当他从郭宜面前走过的时候，他发现郭宜对他露出了一个肯定的、友好的、原谅的微笑。

志强如愿当上了旗手。

当然，当上旗手的志强没有忘记自己在竞选中的誓言，他一点点、一滴滴地努力改变自己。他更热情、更认真地对待周围的同学和班级工作，大家提到志强的时候不再皱起眉头，相反，同学们常常竖起大拇指赞道："志强真好！"

在"六一"大队庆祝活动中，志强作为旗手走在队伍最前面。在鼓号声中，志强的脸上绽放着灿烂的笑容，他的心里溢满了幸福和甜蜜。当然，谁都知道，志强的幸福和甜蜜源于他敢于承认自身缺点的巨大勇气！

刷刷姐姐让你选 在你认为合适的选项中打 "√"

你有缺点吗？你能承认自己不够完美并勇敢地面对自己的缺点吗？

选项1
( )
我没有缺点也没有弱点，我就是一个 "完" 人。

选项2
( )
我知道自己存在某些缺点，但我恨别人提我的缺点，谁提，我就恨谁。

选项3
( )
如果有人提到我的缺点，我就会记在心里，并努力改正。

选项4
( )
我觉得有缺点并不可怕，可怕的是不能正视它们，改正它们。

俗话说："金无足赤，人无完人。" 在现实生活中，没有谁是完美的。在竞争中，如果你能坦陈自己的缺点或不足，会更容易赢得别人的好感和肯定。因为承认自己的缺点，是一件非常了不起的事情，别人会发自内心地佩服你。

男生们，加油哦！勇敢承认自己的缺点，并积极改正它们吧！敢于直面自己缺点的男生才是真正的男子汉！敢于用行动改正自己的男生，才是真正值得敬佩和赞扬的人！

刷刷姐姐为你加加油

时刻保持乐观的心态

子君是一个帅气的男生，大眼睛，浓眉毛，一张棱角分明的脸，嘴边总挂着微笑。

周一放学，子君正在收拾书包，班长郑军跑过来喊他："子君，你快去办公室！班主任有重要事情找你！"

"班主任找我？"子君有些疑惑，"郑军，你知道是什么事情吗？"

"嘿嘿！好事，肯定是好事哦！"郑军的脸上露出一丝神秘的笑容，"你去了就知道啦！"

到底是什么好事呢？

子君边走边想，但想来想去，始终想不出班主任会找自己说什么好事。

"子君，快进来！"子君还没到办公室门口，班主任就迫不及待地走出来了。

"老师，您找我？"子君看着班主任，眨了眨大眼睛，"有什么事吗？"

"周末学校要举行'多米诺骨牌展'，要求每个班在指定的场地用500块骨牌搭出一个自己设计的图形。这个工作我想交给你，如何？"

班主任说着，拉着子君走到办公桌边："子君，你看，这是骨牌排列的参考资料，还有参赛用的'多米诺骨牌'。从明天开始，你可以到我们班的场地搭骨牌。我希望你能在周六早上完成你的作品。"

"哈哈！我只在电视上看过'多米诺骨牌'。动手玩，还没试过，更不要说参加比赛了！"子君接过"多米诺骨牌"，兴致勃勃地说，"好大一盒哦，不知道搭什么图形才有趣呢！老师，我这种'菜鸟'能不能赢，可不好说哦！"

"子君，比赛重在参与，赢不赢都无所谓！再说，你可以组织班里的同学一起进行。"班主任看了子君一眼说，"刚才我找郑军，可他不愿意……"

"不愿意？为什么？哦……"子君说到这里，突然有点理解刚才郑军冲自己笑的含义了。

排列"多米诺骨牌"，需要一块一块地排列骨牌。猛一看，似乎很简单，可是仔细一想就不是这样了，因为这工作需要很多耐心和时间。

"子君，你愿意吗？"班主任见子君有些犹豫，便不满地说，"我一连找了三个同学，他们都不干。你是不是也不愿意？"

"我愿意！"子君用力点点头，"老师，我就当玩游戏玩一次'多米诺骨牌'吧！"

晚上回到家，子君借助老师给的资料，又参考网上找到的"多米诺骨牌"排列技巧和图形，设计了一个参展图。通过研究，子君发现骨牌在被推倒的一瞬间最有趣、最神奇！

第二天，子君带着自己的设计图来到学校。

"子君，你画了设计图？"子君的同桌——小波拿着设计图，又惊讶，又好奇，"哈哈，让'多米诺骨牌'排列成一个熊猫头的图形，推倒'熊猫鼻子'上的第一块骨牌后，所有的骨牌依次倒下……哈哈！真好玩！"

"如果你愿意，放学后我们一起搭，如何？"子君提议。

"好呀！"小波点点头。

"子君，我们可以参加吗？"周围的几个同学也饶有兴趣地看着子

君。

"当然可以!"子君点点头,"这次'多米诺骨牌展'是我们班的事情,大家愿意参加,我求之不得!"

放学后,大家跟着子君来到学校的体育馆。在这里,学校已经给每个班划分了"地盘"。此刻,已经有好几个班开始搭骨牌了。

"我们开始吧!"子君把设计图摊开,拆开装骨牌的盒子,动手搭起来。

子君放一块骨牌,小波紧跟着放一块骨牌,其他同学也把手里的骨牌依次排列在后面。一块,两块,三块……排了二十多块骨牌后,一个同学突发奇想:"子君,我们先试试这些骨牌能不能倒,万一倒不下来,我们岂不是白忙活一场?"

"嗯,好的!"子君觉得这个提议很好,便伸手在第一张骨牌上轻轻推了一下。

哗啦!骨牌瞬间依次倒下,同学们顿时大笑着说:"哎呀,好玩!真好玩!"

"好玩我们就继续搭吧!"

子君说着,将倒下的骨牌一一扶起,然后接着往下搭。

大家搭了差不多100块骨牌的时候,小波的脚一动,鞋尖碰到了一块骨牌,接着,可怕的事情发生了。

哗啦——瞬间,一半的骨牌倒了下来……

"哎呀!"小波出于本能,想缩回脚,谁知另一半骨牌也被他撞倒了……

"小波!你是怎么搞的?"一个同学跳起来大叫道,"我们好不容易搭好的骨牌都被你破坏了!"

"没事,没事!"子君劝阻同学不要继续责备小波,"今天大家都

093

是初次搭骨牌，倒了没关系，就当我们在练习！"

"练习？我可不想再重复这种简单的工作了。"生气的同学站起来对子君说，"你们慢慢玩，我走了！"

"走就走，谁稀罕你！"小波不高兴地一边扶起骨牌，一边对子君说，"我刚才不是故意的！"

"没关系！没关系！我们重新来！"子君说着，帮小波把倒下的骨牌——扶起来。

半小时后，原本觉得好玩的同学也陆续走了。因为在这半小时中，骨牌又倒了两次。

"太没意思了！"同学们陆续站起来抱怨，"蹲得我头晕眼花！算了，不玩了！子君，你和小波慢慢搭吧！"

"好的！"子君冲同学微微一笑，看着身边的小波说，"小波，你不会抛下我吧？"

"我……"其实小波早就想走了，只是一想到自己和子君关系不错，就不好意思走，才耐着性子陪着子君。现在子君这么直截了当地问他，他更不好意思走。无奈，他只能笑着说："我陪你，陪你坚持到最后！"

"哈哈！不愧是我的好同桌，好朋友！"子君说到这里，用力给

了小波一拳，谁知小波没蹲住，一屁股坐到了骨牌上——真惨！骨牌又倒下一片……

"倒霉！真倒霉！"小波站起来揉揉酸痛的腿说，"今天实在太累了，我们明天继续吧。"

"好的！"子君捶捶自己的后背说，"想不到我们忙活半天，最后是一场空！哈哈！"

第二天放学后，子君和小波去体育馆的时候忍不住问昨天的那几个同学："嘿，今天还去搭骨牌吗？"

"不去，不去！我们要去吃肯德基！"几个同学逃也似的跑了。

"看来这事只能靠你和我完成了！"子君冲小波挤挤眼。

这天，子君和小波为了避免互相干扰，划分了搭牌区域。一个搭图形左侧，一个搭图形右侧，从两个方向搭骨牌。

时间一点点过去，小波觉得脖子又酸又痛，忍不住抬头看子君，子君正巧在活动胳膊，两人相视一笑说："真累人！"

"该死！你怎么搞的？"突然，隔壁班的场地上传来了咒骂声。

子君和小波忍不住走过去问："怎么了？"

"我们马上就要完成的骨牌被这家伙失手全推倒了！"

095

"既然是失手，你就不要怪他了！"子君劝道。

"你说得容易！"发火的同学瞪了子君一眼，"等你快完成的时候被人全推倒你就知道心血付诸东流是什么感觉了！"

"我们还是忙我们的吧！"小波拉开子君说，"别管他们的闲事！"

子君和小波重新投入到工作中。

搭500块骨牌可不是件容易的事，这天，他们搭到天黑，才疲惫不堪地回家。

周四到了，子君和小波又出现在他们的场地上。这天，因为有了一定的经验，他们搭骨牌的速度很快，进展异常顺利。

"子君，你看，你看！"小波指着盒子里剩余的骨牌，兴奋地说，"还有几十块骨牌，我们就完成了！"

"嗯嗯，加油！"子君把手握成拳头，"冲刺！"

当摆上最后一块骨牌后，小波拉着子君的手，激动地叫道："几天的辛苦工作，终于完成了！"

"不错！不错！"隔壁班的同学听说子君和小波完成了骨牌排列任务，纷纷过来看热闹。昨天发火的那个同学，也凑了过来。

"恭喜，恭喜！图形有趣，速度也快，就是不知道……"昨天发火的同学说着把手伸到了"熊猫鼻子"上……

"你要干什么？"小波见他伸手，连忙阻止，"不要乱动——"

可是，他的手还是推倒了骨牌。哗啦啦——骨牌一块接一块地倒下，倒下，倒下……小波瞪着眼睛，无助地看着骨牌在自己眼皮子底下倒下……啪！一块骨牌卡住了，"熊猫头"的外圈"幸免于难"。

"你，你赔我们的骨牌！你赔我们的骨牌！"小波气得几乎要哭了，"呜呜——好不容易搭好了……你竟然破坏我们的辛勤劳动成果！"

"你们这骨牌搭得虽然快，可惜有缺陷！"那个同学不但不为自己

的行为道歉，反而振振有词地说，"如果我不帮你们测试一下，周日展出的时候，你们岂不是要在众人面前出丑？如果你们的骨牌在展出时卡住，那多丢人啊！"

"你——"小波被这些无理的话噎得半死，他拉着子君说，"子君，你骂他，你骂他！"

"算了，小波！"子君不仅没有生气，反而出奇地镇静。子君托着下巴思考了片刻，说："他说得对，我们不测试一下，怎么知道效果呢？"

"什么——子君，你是不是疯了？我们的心血……"小波简直不敢相信，子君不仅一点也不生气，反而觉得捣乱的人干得对。

"看来我的设计有一些小缺陷，他这么一推，还真帮了我们的忙！"子君说着，蹲下，调整了一下被卡住的骨牌的位置，说，"小波，我保证如果我们再搭好，一定能成功！"

"不，不——我再也没心情、没精力、没本事搭什么狗屁'多米诺骨牌'了！我受够了——我本来就是陪你玩玩的！现在，我不想陪你玩了，你自己搭吧！"小波说完，转身走了……

周五放学后，看着子君一个人去体育馆，小波虽然觉得过意不去，但还是咬着牙回家了。

"子君，你昨天怎么没生气啊？"那个推倒子君骨牌的同学见今天只有子君一个人在搭骨牌，不禁为自己昨天冒失的行为感到抱歉。

"哈哈，生气有什么用？如果生气能让骨牌重新站起来，我肯定会生气，生很大的气！"子君说完，蹲下身子开始搭骨牌。

"抱歉，我……"那个同学不好意思地挠挠头说。

"没事！这点打击，我可以承受！"子君冲那个同学露出一个开心的笑容，"正如你说的，我现在

发现问题，总比在全校同学面前出丑强。没事，我可以重新开始！"

子君又一次投入到骨牌的排列中去了。

"完成了！好棒哦，我们终于完成了！"

体育馆里，其他班的同学陆续完成了自己的杰作。而子君一个人才搭了 100 多块……大家同情地看着子君，小声议论："如果昨天他们班的骨牌没有被推倒，该多好啊！真可惜！"

"真累——"子君似乎没听到同学们的议论声，他站起来伸了个懒腰，对周围同情他的同学说，"我还有明天一整天的时间！今天先回去，明天一早再来！"

大家见子君说这些话的时候，脸上既没有懊恼的神情，也没有伤心的神情，反而还带着一丝微笑，真猜不透他到底是怎么想的。出于好奇，一个女生走上前问子君："子君，你真的不伤心、不难过吗？如果是我，我肯定会泄气的，再也不想继续了！要知道，500 块骨牌，可不是随便就能搭好的哦！"

"呵呵！事情已经这样了，我只能用乐观的心态去面对！"说到这里，子君凑近女生，悄悄说道，"告诉你，我这个人有个怪脾气，就是越挫越勇！"

第二天一早，子君第一个到体育馆搭骨牌。一块，两块，三块……当他准备搭下一块骨牌的时候，一只手替他搭上了。

"小波？！"子君惊讶地发现，小波竟然来了。

"昨天我一夜没睡好，舍不得让你一个人这么孤独地面对如此多的骨牌！"小波说得很轻松，子君知道小波是出于友谊才来帮自己的。

"其实，你知道吗，遇到不顺的时候，我喜欢用乐观的心态去面对！"子君一边搭骨牌，一边对小波说，"我给你说个故事

吧——有两个好朋友结伴穿越沙漠，去另一边的绿洲生活。沙漠之旅进行一半后，一个人发现自己的水壶里只剩半壶水了，心里不禁紧张、烦躁起来。他一边走，一边抱怨、诅咒、谩骂，甚至后悔和朋友踏上这冒险的旅途。而另一个人，虽然水壶里也只剩下一半的水，但是他想只要省着喝，肯定能熬过去，顺利走出沙漠。因为心态不一样，最后两个人的结局也截然不同。前者没有走出沙漠，后者却顺利地来到了绿洲。"子君继续说，"我特别喜欢这个故事。因为，在学习中，在生活中，我们总会遇到这样或那样的挫折、困难，我们必须努力让自己积极地、乐观地面对问题，才能更好地成长！"

"子君，难怪昨天你没有生气呀！"小波点点头。

"是呀，很多事情光生气是得不到任何帮助的，不如换一种心态看问题，这样不但不会让自己悲伤难过，还有助于想出解决问题的好办法呢！"子君说到这里，又加了一句，"一个人如果能乐观地面对一切问题，就会像勇者一样，无畏地前进，前进，再前进！"

"子君，怪不得你整天都乐呵呵的，原来在你的心中藏着一束阳光，而这束阳光给了你无穷的勇气和力量，对吗？"

"没错！"子君大笑起来。

经过子君和小波的努力，摆成"熊猫头"图形的"多米诺骨牌"在全校同学面前展现了精彩的一幕。子君将推倒第一块骨牌的幸福交给了小波，子君说："感受一下成功的喜悦吧！"

小波在子君的启发下，学会了乐观看待生活。有时候，看见同学为某些事情苦恼和发愁时，他会将子君说的故事说给同学听。小波觉得无论是谁，面对生活的考验，都需要拥有一颗乐观的心！

刷刷姐姐让你选

在你认为合适的选项中打"✓"

你有一颗乐观的心吗？你知道如何保持乐观的心态吗？你知道如何让阳光洒满自己的心间吗？

选项1（　）　当我苦恼的时候，我会回忆以前的愉快时光，激励自己用微笑来面对所处的困境。

选项2（　）　我会把心中的不满和怒火发泄到别人身上，特别是嘲笑我倒霉和失败的人，我决不会放过他。

选项3（　）　我会阅读励志类的图书，观赏如何战胜困难的电影，从文字和电影中获取振奋精神、重新开始的力量。

选项4（　）　如果遇到不顺心的事情或与人争吵，不妨暂时离开现场，换个环境，让自己冷静些。我觉得这样可以让不快的情绪迅速得到释放。

选项5（　）　我会到没有人的地方尽情喊叫一番，把"坏心情"喊出来，人就舒服了。

选项6（　）　我遇到困难的时候会向别人寻求帮助，如找老师、家长或好朋友，在寻求帮助的同时我会倾诉自己内心的苦闷。我想他们一定能给我出谋划策，帮我解决困难。

　　"乐观"是一种积极的生活态度。乐观的人无论在什么情况下，都能让自己保持良好的心态。他们相信困难会过去，阳光终会照耀在自己身上。

　　任何人都希望自己永远生活在欢乐和幸福之中。然而，生活是复杂的，是千变万化的。当遇到"麻烦"的时候，缺乏乐观心态的人容易陷入扫兴、生气、郁闷，甚至悲伤、痛苦之中。人如果长期处于这些不良情绪当中，不但对身体健康不利，还容易悲观，丧失生活的勇气。

　　遇到困难和挫折的时候，给自己加加油！

　　学会遗忘不快！学会自我安慰！学会向前看，而不是回头看！

　　积极乐观的心态并非与生俱来的，而是在一次次的磨炼中锻炼出来的，所以，要有意识地强迫自己培养乐观心态。大家也可以多和积极乐观的同学交朋友，从他们身上汲取积极正面的"能量"，并与他们分享成功的经验。

　　男生们，加油哦！时刻保持乐观的心态，你们会变得更勇敢，更像男子汉！

刷刷姐姐为你
加加油

控制
不良情绪

俊辉是五年级（6）班的课代表。尽管他成绩好，对工作也积极负责，可每次班级评选优等生或其他荣誉代表时，俊辉总是"靠边站"。特别是这次"学习标兵"的评选，俊辉是候选人中成绩最好的，可是他还是落选了。

"俊辉，你在我眼里是个很优秀的男生，可班里的同学为什么不选你当'学习标兵'呢？"班主任看着俊辉，皱起了眉头。

"他们不选我，我怎么知道？"俊辉表面上摆出一副无所谓的架势，可心里还是有一股无名火，"可能咱们班同学都不喜欢我吧！得了，反正我对荣誉没兴趣！老师，您还有什么事吗？没事我先走了！"

"啊？"班主任看着俊辉离去的背影，不禁想：这个俊辉肯定在什么地方"得罪"了同学，到底是怎么回事呢？我得好好调查一下。

班主任首先找来了班长刘巧巧——这是一个热情又不失礼貌的女同学。

"刘巧巧，咱们班的俊辉平时表现不错，可大家为什么不愿选他当'学习标兵'或给予他其他荣誉呢？"

"因为他太……"刘巧巧不好意思地冲班主任笑笑，说，"我不想在背后议论他，我给您说件事吧！上学期期末大考前，我请俊辉把他的复习计划提供给成绩不好的同学做参考。我请他将内容细致地写出来，特别是如何复习，如何提高复习效率等方面！当时我们说好三天后他把

计划给我，谁知等我按约定时间找他的时候，他却不耐烦地说：'催什么催，我忙死了！'我说：'我们不是说好今天你给我计划的吗？'谁知他竟然两眼一瞪，怒气冲冲地说：'滚开，别烦我！我不高兴给你计划了，不可以吗？'接着，他指着我一顿大骂！唉……老师，我真不明白俊辉说得好好的，怎么一下子就翻脸了。我算领教了他的臭脾气！"

"哦……"班主任点点头，让刘巧巧回教室。

接着，班主任又找到俊辉的同桌张雪问："俊辉是你的同桌，成绩又好，肯定和你关系不错吧？"

"他？"张雪听了老师的话，脸上立刻露出愤愤不平的表情，"老师，您如果方便，赶紧给我换个同桌吧！和俊辉同桌的这一学期，我几乎天天被他骂！比如：昨天我和后排的小霞讨论电视剧，可能我们的声音有些大，吵到他了，他就对我们破口大骂！当时，他指着我和小霞的脸骂我们不学无术，没前途、没发展，这就算了！后来，他竟然说我们两个是'八婆'，不得好死！唉——老师，您说俊辉怎么这么容易发怒呢？有什么事不能好好说吗？"

"哦……"班主任点点头，心里渐渐有些明白俊辉的问题出在哪儿了。

班主任安慰小霞几句后，向篮球场走去——此时，俊辉正和班里的同学打篮球呢。

"传给我，传给我！"班主任刚走到篮球场边，就听到了俊辉的声音。循着声音看过去，俊辉站在篮球架下，一个劲地冲班里的罗浩大喊："快把球传给我，快传给我！"

可罗浩似乎并不打算把球传给俊辉，而是伸手投出一个三分球！

砰——篮球撞在篮板上弹了出来——没有投中！

"罗浩，你什么毛病？"俊辉气得冲到罗浩面前质问，"我让你把球传给我，你投什么三分球？你水平这么臭，还显摆什么？"

"我想投一个三分球试试，你这么生气干什么？这又不是比赛，这么较真干什么？！"罗浩客气地向俊辉解释，"我想练习投三分球！"

"投投投！投你个大头鬼！你想练习回家练去！"俊辉满脸的不满和愤怒，吓得其他同学纷纷过来劝："俊辉，算了！这又不是什么大事儿，你就别生气了！"

"你们这些蠢猪！和你们打球简直是在侮辱我的智商！以后我再也不和你们打球了！"一通咒骂之后，俊辉推开围着他的同学，向教室走去。

"这人什么毛病，怎么说生气就生气？"

"是啊！本来打球就是娱乐，他这么较真干什么？球没投中，他也用不着骂人呀！"

"他凭什么把我们都骂进去？就他厉害吗？他不想和我们打球，我们还不想和他打呢！"

"就是！就是！来，我们接着玩！"

篮球场上，大家又活跃起来，而刚才发生的一幕全被班主任看在眼里。到这个时候，班主任终于明白俊辉的问题出在哪儿了！

"俊辉，我们谈谈好吗？"班主任叫住正要回教室的俊辉。

"谈什么？"俊辉的语气中还带着强烈的火药味，只是因为眼前的人是班主任，他才强忍着

没发火。

"俊辉，大家都说你脾气不好，容易为一点小事情生气！"班主任看着俊辉问，"你自己发现了吗？"

"他们故意针对我——"俊辉的嗓门一下子扯得很高，"他们不惹我，我为什么要发脾气？"

"刚才在篮球场上，我觉得你不应该冲罗浩发火！"班主任看着俊辉的脸说，"你不觉得自己太容易动怒了吗？你这样是很难和别人和睦相处的！瞧瞧这次'学习标兵'的评选，大家因为心里有气，才故意不选你呀！"

"我……我不稀罕他们选我！"俊辉的脸上又呈现出怒容，"哼，我早就知道他们联合起来对付我！他们都不安好心！"

"俊辉，你仔细想想，同学们为什么都'对付'你呢，难道你没一点错？"班主任说到这里，拍拍俊辉的肩膀说，"人的易怒情绪是一种不良情绪！如果不加以克制或调整，一方面会让自己心情不愉快，另一方面会让自己和周围的人难以相处。俊辉，我建议你在遇到事情的时候，学着控制自己的不良情绪！"

"老师……"俊辉显得有些尴尬，他看着老师不好意思地说，"其实我知道乱发脾气不好！这都怪我爸爸，他是工厂里的搬运工，在外面受了气，回家就拿我当发泄桶！唉……我都是从他那儿学来的！"

"既然你知道这种脾气不好，就更要学会克制自己！"班主任耐心地劝解俊辉，"自己心情不好的时候，不要随便把自己的苦闷、烦恼发泄到别人身上。这个世界不是以你为中心的，所以不要奢望别人围着你转，更不要觉得别人理所当然地该受你的气，看你的脸色行事，你说呢？"

"老师，我该怎么改掉我这易怒的毛病呢？"

"在你感到怒火中烧时，你可以问自己，愤怒能帮我解决问题吗？试着劝自己，与其生气，不如冷静地想一个解决问题的对策。想发火的时候，你可以转移自己的注意力。如：刚才你打篮球的时候，因为罗浩不肯传球给你，你很生气。此时，你可以蹲下，重新系鞋带，这样就能给自己一个情绪缓冲的机会！"班主任说到这里，示意俊辉仰起头，"退一步海阔天空！一个男生把事情看淡些，也能减少易怒情绪的发作哦！"

和班主任谈话后，俊辉决定试着克制自己的易怒情绪。有时候，他难免还会乱发脾气，可是班里的同学总会宽容地告诉俊辉："俊辉，这次不和你计较，下次你可要控制好自己哦！"

因为同学们的宽容，俊辉渐渐变得"好说话"了；因为有意识地克制自己易怒的不良情绪，俊辉渐渐能平静、友好地与同学们相处了！

在期末的"三好学生"评选中，大家都主动为俊辉投上了肯定他、鼓励他的选票！

刷 刷 姐 姐 让 你 选 在你认为合适的选项中打"√"

你容易发火吗？你会如何控制自己的不良情绪？

选项 1
（ ）
我觉得发火可以让我的"内火"散出去，但是我不会冲同学或家长乱发火，我只会找个没人的地方呐喊一阵，或者在自己房间里冲枕头、被子拳打脚踢。

选项 2
（ ）
"怒火"这东西，如果利用得好，可以激励你更努力地实现奋斗目标；如果利用不好，则可能成为实现目标的"绊脚石"！对"怒火"，要学会驾驭！

选项 3
（ ）
我发脾气是我自己的事，我才不管别人怎么想！大不了发完脾气，我给他道歉！

选项 4
（ ）
当我想发脾气的时候，我会请好朋友提醒我要克制自己的不良情绪！

刷刷姐姐为你
加加油

男生有个性是好的，但是乱发脾气、性格暴躁，好像高压电般触碰不得的男生是令人头痛的！

男生们，加油哦！学会控制不良情绪！和周围的人和睦相处，不要因为一时冲动而做出鲁莽，让自己后悔的事情哦！记住，"冲动是魔鬼"！

学会道歉

数学课上到一半的时候，波仔突然觉得肚子胀鼓鼓的，一阵尿意排山倒海般向他袭来。

唉——波仔此刻真想大哭一场。

都怪自己课间休息的时候只顾和同学打球，没及时去厕所，此刻悲惨了。还有二十多分钟才下课，波仔不好意思举手向数学老师请假去上厕所，只好用力夹住双腿，暗暗祈祷自己能坚持到下课。

一分钟，两分钟，三分钟……波仔觉得时间过得真慢。就在他几乎无法忍受的时候，下课铃响了。随着数学老师一声"下课"，波仔捂着肚子迫不及待地冲向教室大门。

啪! 或许是因为太急，没看清，或许是因为动作幅度过大，波仔的胳膊肘将前排君奇摆在桌角的铅笔盒撞到了地上。在稀里哗啦的响声中，君奇铅笔盒里的笔、尺子、橡皮等全部散落在了地上。如果是平时，波仔肯定会立刻弯腰帮君奇捡起这些东西，可现在属于"非常时刻"，波仔头也没回就跑了。

"波仔——"君奇见波仔撞翻自己的铅笔盒后，竟然大胆地逃走了，顿时吼起来，"波

仔——你给我回来！撞翻我的铅笔盒就这么算了吗？"

"我急！我……"波仔回头冲君奇做了个手势，然后迅速跑出了教室。

一路狂奔后，波仔到了厕所……迅速解决问题后，他长长地吐了一口气。真舒服！波仔的脸上露出了笑容。当他慢悠悠地回到教室时，他才想起刚才撞翻君奇铅笔盒的事情。糟糕，刚才因为急着去厕所，没帮君奇把铅笔盒捡起来，君奇会不会生气呢？想到这里，波仔把目光投向君奇——君奇正怒气冲冲地瞪着他。

"波仔，你是什么意思？你把我的铅笔盒弄到地上就跑了，是不是以为我好欺负？"君奇气势汹汹的样子一下子惹恼了波仔。

"不就是把你的铅笔盒弄到地上了吗？我捡起来不就得了，你发什么火？"波仔扫了君奇的课桌一眼，铅笔盒已经捡起来了，"铅笔盒不是好好地躺在你课桌上吗？还有什么好生气的？"

"你——"君奇指着波仔的脸愤怒地大骂，"你这个人真不讲理！你必须向我道歉！"

"道歉？道什么歉？"波仔走到君奇课桌边，不屑地说，"就这么芝麻点大的事情，你还要我道歉？你真是小肚鸡肠！"

"你——"君奇气得浑身哆嗦，他脸色发青地看着波仔说，"你必须给我道歉！道歉！道歉！你不道歉，我是不会放过你的！"

两人一时僵持起来，班长小文连忙走过来拍拍波仔的肩膀说："波仔，你撞翻了君奇的铅笔盒，道个歉有什么关系？"

"是呀！本来就是你不对嘛！"旁边几个看热闹的同学也纷

纷劝波仔，"他这么不依不饶的，你就说声'对不起'吧！"

波仔见大家都看着自己，心想：看来我不道歉，这场风波是无法平息了，可是想让我乖乖地道歉，那是万万不可能的！想到这里，波仔故意用一种怪怪的腔调对君奇说："对——不——起——是我不好……"

君奇见波仔向自己说了"对不起"，原本激动的情绪稍稍缓和了些，他正要说"算了"时，波仔紧接着说的话立刻使他火冒三丈——

"谁让我倒霉呢，撞谁的铅笔盒不好，偏撞到你的！我真是倒霉死了！"说到这里，波仔对身边看热闹的同学说，"我提醒你们，以后走到君奇课桌边的时候，一定一定要小心，千万千万别撞翻他的铅笔盒，否则就跟我一样倒霉！"

"可恶！"君奇原本想原谅波仔的，"波仔，你这个该死的家伙！你这么说到底是什么意思？你——"君奇转过身，扬起手将波仔的铅笔盒打到地上，然后大喊，"既然你不肯向我道歉，我就'以其人之道，还治其人之身'！"

"君奇——"波仔见自己的铅笔盒被君奇故意打到地上，立刻伸手将君奇的铅笔盒也打到地上。

"可恶！"

"该死！"

君奇狠狠地捶了波仔一拳，而波仔则不甘示弱地回了君奇一巴掌，就这样，当着大

家的面，两个人扭打在了一起……

当班主任把波仔和君奇叫到办公室的时候，他们均表示"这事都怪他""自己没有错"！班主任并没有急于判断谁对谁错，而是和颜悦色地提出一个问题："向别人道歉的时候，我们应该怎样做才对呢？"

面对这个问题，波仔和君奇想了想，然后一起摇了摇头。

"道歉是向别人表达自己的歉意！既然是表达歉意，就需要我们态度诚恳！"班主任说到这里，拍拍波仔的肩膀，问，"如果道歉的时候，语带嘲讽和不满，对方能接受你的道歉吗？"

"这……"波仔的脸顿时变得通红。

班主任接着说："道歉不是一带而过地说声'对不起'，而是清楚地认识到错误并做有针对性的道歉，这样的道歉才能被对方接受，才能得到对方的谅解和宽恕！特别是当我们深深地伤害到别人的时候，道歉不但要及时，更要深刻、真

挚！要努力让对方接受自己诚恳的道歉！"

　　"君奇，我今天很抱歉！"听了老师的话，波仔伸出手对君奇说，"我把你的铅笔盒弄到地上，还故意说不好听的话，希望你不要介意并能原谅我！"

　　"波仔，我也有错！其实，铅笔盒掉地上没什么大不了的！"君奇不好意思地冲波仔笑笑，"你急着出教室，肯定是有急事！"

　　"是呀——我急着去上厕所，所以……"波仔挠挠头，再一次看着君奇诚恳地说，"对不起啊！我真的不是故意的！"

　　"嗯嗯！我也有错！瞧我，为了一点点小事，故意把你的铅笔盒弄到地上，我实在太过分了！我向你道歉！"

　　"嘻嘻！"

　　"哈哈！"

　　刚刚还吹胡子瞪眼的两个男生，重归于好了！班主任看着他们的笑脸，满意地点点头！

在你认为合适的选项中打"√"

你容易发火吗？你会如何控制自己的不良情绪？

选项 1
（　）
我觉得道歉是经常会遇到的事情，所以学会正确的道歉，可以让我和周围的人和睦相处！

选项 2
（　）
道歉的时候我不会狡辩，更不会用谎话骗人，我会承担责任，担起过失，真心向对方道歉。我认为，只有这样做才能得到对方的谅解。

选项 3
（　）
道歉，可以面对面地和对方说"Sorry（对不起）"，也可以用实际行动道歉。如主动给对方送一张卡片、一束花，或主动约对方一起去图书馆、商店等，这些主动"示好"是不错的道歉方式。

选项 4
（　）
如果某个同学"得罪"了我，并且他还没向我道歉，我会保持冷静。因为我相信他不是不想道歉，而是在考虑如何向我道歉，呵呵！

男生们，做错事道歉是理所当然的。道歉可以缓和僵持的气氛，可以维持同学之间的友谊，当然也可以让你们变得越来越有担当。

如果你错了，鼓起勇气向对方道歉吧！在向对方表达歉意的同时，请你付诸行动，改善自己的不足之处，用实际行动向对方证明你的真诚！

男生们，加油哦！学会正确道歉！让误会、冲突，都在道歉中一一化解吧！

刷刷姐姐为你
加加油

坦然面对
不公平

　　雷诺在同学眼中是一个优秀的男生。他成绩好，为人谦和，谁遇到难题去找他，他都会施以援手。

　　可是，就是这样一个优秀的男生，却始终得不到班主任周老师的"欢心"。而且，并不是只有雷诺觉得周老师不喜欢自己，班里的其他同学也从一些事情中看出来了。

　　3月学雷锋月的最后一节班会课上，周老师让班长统计每位同学做好人好事的情况，还说"无论大小事，只要是好事就记下来"。

　　于是，大家纷纷汇报自己做过的好事。有人扶老奶奶过马路，记下来；有人帮同学补功课，记下来；甚至有人帮邻居买早点，也记下来……

　　当班长问雷诺的时候，雷诺汇报："隔壁班同学没有带上书法课用的墨水和毛笔，我借给他了！"

　　周老师听了立刻反对说："这算什么好事？"

　　班长听了，忙问："你还做过其他好事吗？"

　　雷诺回答："在小区门口看见一位叔叔掏口袋的时候掉了几十块钱，我立刻把钱拾起来还给叔叔了！"

　　周老师皱了皱眉头，说："不把钱还给人家，难道你想吞下不成？"

　　"我……"雷诺尴尬地看着周老师，脸涨得通红。他不明白，为什么别人做的事都是好事，自己的就不算好事，周老师是什么意思？

"雷诺，你能再说说吗？"班长抓着笔看着雷诺，突然，班长叫起来，"有了，上次我的自行车链条掉了，是你帮我修好的！这算一件好事，我替你记下来！"说完，班长迅速记下这件好事，然后走到其他同学面前做记录去了。

"唉……"雷诺有些难过地趴在课桌上，心底不禁冒出一个疑问：周老师是不是不喜欢我？别人都说老师喜欢成绩好的学生，我成绩不差，可周老师为什么不喜欢我呢？

从此以后，雷诺开始留意周老师对自己的态度。

周老师除了是班主任，还负责教语文。上课的时候，无论雷诺的手举得多高，甚至全班举手回答问题的只有他一人，周老师也从不喊他；无论雷诺的考试成绩多出色，周老师也从不表扬他……这些都还不算什么，最最可气的是，雷诺有一篇作文写得很棒，辅导员老师建议把这篇作文发到报社的《学生作文园地》，可询问周老师时，她却说："比他写得好的作文有很多。"唉……雷诺不在乎作文送不送报社，他在乎的是周老师对自己的态度！

学校开展英语演讲比赛，雷诺和班里的另一个同学——肖洲均拿到了二等奖，可周老师只表扬了肖洲，没提雷诺一个字。如此不公平的待遇，让雷诺觉得很伤心，班里的同学也私下议论开来。

"你们发现了吗，周老师似乎不太喜欢雷诺哦？"

"是呀！雷诺真可怜！周老师对他太不公平了！"

"不公平有什么办法，谁让周老师是班主任呢？"

大家的议论传入雷诺的耳朵里后，他的心里便翻腾起来。他生气，他愤怒，他怨恨！可是生气、愤怒、怨恨过后，雷诺渐渐冷静下来。他对自己说：周老师越不喜欢我，我越要争口气！我要变得更好，更优秀，

我要让她见识我的"厉害"。

雷诺这么一想，心中的愤愤不平变成了一股动力。他在学习上更勤奋了，在集体活动中更积极了……与此同时，雷诺开始观察周老师——看周老师喜欢什么样的同学，那个同学身上有什么优点值得自己学习。雷诺这么做不是为了讨好周老师，而是想向周老师证明自己也能拥有那些同学的优点。

时间一天天过去，期末结束的时候，雷诺发现自己抽屉里堆积了好多张奖状：数学竞赛、英语演讲、书法大赛、歌咏比赛、作文大赛、乒乓球赛、跳绳比赛，甚至还有一张校园合理化建议奖的奖状……雷诺笑了，他觉得周老师喜不喜欢自己已不重要了，因为他已经从这些奖状中得到了更高的评价和肯定。

升入小学六年级后，周老师多次在班会课上鼓励大家考全市最好的中学——外国语中学。不知道是有意还是无意，周老师在说有希望考进这所学校的同学时，偏偏遗漏了雷诺。

您不看好我，我偏要考进这所学校！我还要以全班最好的成绩考进去！雷诺握着拳头，将奋斗目标写在了铅笔盒中。

整整一年，雷诺都将精力放到了毕业考试中。他牺牲大量娱乐时间之后，换来了令全校震惊的成绩——雷诺不但以总分第一的成绩考上了外国语中学，而且还是全年级唯一一个数学考一百分的人。

哗啦啦，哗啦啦！

当大家在操场上列队拍毕业照的时候，雷诺刚出现，同学们就以热烈的掌声示意他坐到队列的中心位置——那个显著的位置旁坐着周老师。

雷诺犹豫了一下，然后昂首挺胸地走过去，在周老师身边坐下。

"雷诺，祝贺你！"周老师看着雷诺说，"以后到了中学也要努力哦！"

"嗯……"雷诺惊讶地发现，周老师第一次冲他露出微笑。他犹豫了片刻，小声问："周老师，您喜欢我吗？"

"喜欢！当然喜欢！"周老师毫不犹豫地回答，然后诧异地看

着雷诺，问，"你怎么会这么问？"

"我……我总觉得您不喜欢我！好多次，我取得了好成绩您也不表扬我，似乎有意冷落我！"雷诺鼓起勇气，将心底的话说了出来。

"是吗？我……我还真没意识到！"周老师满怀歉意地拍拍雷诺的头说，"哪有老师不喜欢自己的学生的？我平时没有刻意表扬你，是因为我觉得你很优秀，不需要过多表扬。而那些需要表扬才能进步的同学，我会更注意、更关心他们！雷诺，你要记住：别人怎么对待你不重要，重要的是你怎么对待你自己！"

"周老师……"雷诺想了想，深情地对周老师说，"谢谢您！"

"我们拍照吧！"周老师伸出手替雷诺理了理衣领，然后轻轻地向雷诺靠了靠……

"大家一起说'茄——子'。"随着拍照老师的一声口令，大家咧开嘴大笑起来。

所有人中，笑得最开心的莫过于雷诺。此时的他明白了一个道理：人需要坦然面对不公平。很多时候，与其为不公平生气，不如用行动证明自己。

刷刷姐姐让你选

在你认为合适的选项中打"✓"

你遇到过不公平的事吗？面对不公平，你会怎么做呢？

选项 1 （ ） 我不会因为老师对我不公平而自暴自弃，相反，我会寻找自身的不足，并加以改进，用实力和老师"说话"。

选项 2 （ ） 如果老师故意找我的碴儿，我就和他对着干！要么上课捣乱，要么给他起外号……总之，他不让我好过，我也不会让他舒坦。

选项 3 （ ） 如果老师故意"整"我，我只能哀叹自己的命不好，盼着老师早点被调走！呜呜——

选项 4 （ ） 如果我觉得自己没有过错，而老师又经常为难我，我会私下找老师开诚布公地谈一谈。我会态度诚恳地与老师沟通，请老师指出我的不足。我相信，只要我是努力向上的学生，老师就会慢慢改变对我的态度！

选项 5 （ ） 如果老师不喜欢我，总是搞不公平待遇，我就会让我爸爸妈妈请老师吃饭，给老师送礼，用金钱收买老师！

其实在生活中，谁都可能遭遇不公平的事。面对不公平的事，我们与其抱怨或哀叹命运不公平，不如冷静下来，用这种不公平来激励自己。你知道吗，很多伟大的人遭遇过不公平的事，可是他们能在不公平中寻找契机，让时间证明金子是不会被淹没光芒的。

如果你面对的是老师的不公平对待，你完全可以在公平的竞争中向老师证明自己。如考试，没有人会单独给你出难题，你写出了正确答案，谁也不会否定你！既然如此，为什么不努力在这个公平的竞争中争个高低呢？

有人说老师不喜欢我，我就去取悦老师，和老师拉拢关系！可是，这么做的结果会如何呢？老师可能会因此看低你，看扁你，会更不喜欢你！

另外，请你仔细想想，如果你离开这个老师，再遇到其他不喜欢你的老师怎么办？难道你要在人生的道路上，始终扮演"巴结别人，讨好别人"的角色吗？

男生们，加油吧！坦然面对不公平！今天的不公平或许正是激励你们用力振动翅膀、飞向更高的天空、飞越更险峻的山峰的动力哦！

刷刷姐姐关
加加油

常怀
感恩之心

赵虎背着书包回到家的时候，发现妈妈正在厨房里忙碌。

"妈——您怎么不好好休息？"赵虎像小大人一般伸手摸了摸妈妈的额头，"您感冒了，快去躺着——"

"没事！没事！"妈妈冲赵虎笑笑，问，"虎子，饿了吧？妈妈今天做了你最爱吃的红烧肉丸。作业多吗？你先写作业，一会儿饭菜好了妈妈叫你！"

"妈——妈——您还生着病呢！"赵虎故意绷着脸，用不容商量的口气说，"妈妈同志，我命令您马上去床上躺着！"

"可锅里烧着肉丸……"妈妈还想说什么，可赵虎已经架着她的胳膊把她向卧室拽去："您放心，肉丸我来做！今天您生病，就得听我指挥，好好休息！"

"你这孩子，从小到大什么时候做过家务？烧肉丸？你会烧吗？你……"妈妈絮絮叨叨地说着，赵虎听着，心里涌起一股别样的滋味。

"从小到大什么时候做过家务？"是呀！妈妈虽然是无意的，可赵虎听了心里很不是滋味。

记忆中，妈妈在家里总是异常忙碌。

早上，妈妈像打仗一样，买早点、熬粥，帮赵虎把牙刷和洗脸水准备好。好几次，赵虎看到妈妈趁热牛奶的空隙匆匆洗漱一番。妈妈上班的地方很远，所以每次去菜市场，她总会多买一些菜，一次准备好家里两天的菜。到了周末，妈妈更忙了，她得洗一周积下来的脏衣服，得给家里所有的房间大扫除，拖地板、擦家具。洗洗涮涮中，妈妈的周末便过去了……赵虎真不敢相信，自己眼前浮现的都是妈妈在忙碌的身影，他想找找妈妈休息时的画面，可它们在哪里呢？

妈妈真可怜！

突然，赵虎的脑海中冒出这么一句话！不是吗？妈妈为了他，为了这个家，付出了全部，而自己还常常埋怨妈妈没有及时替自己洗球鞋，没有及时在下雨天给自己送伞，甚至有一次家长会后，因为妈妈不够时髦漂亮，自己还在心中"怪罪"妈妈。唉……现在想想，真是愧疚！

"虎子，虎子——"妈妈的声音从卧室里传出来，"你看看锅里的肉丸是不是烧煳了，我怎么闻到了一股焦煳味？"

赵虎连忙跑进厨房，掀开锅："糟糕，肉丸真的有些煳了！"赵虎关上炉子，用铲子把上面的肉丸铲进碗里，"这锅底烧煳的肉丸看来只能丢了。"赵虎自言自语着，将烧煳的肉丸用力铲下，然后——

"别别——"妈妈连忙走过来阻止他，"虎子，这些肉丸煳得不厉害！给妈妈吃！"

"妈妈——"赵虎拉住妈妈的手，心疼地说，"烧煳的东西不能吃，吃了容易生病！"

"妈妈身体好，妈妈不怕！"妈妈说着，将烧煳的肉丸全部倒进碗里，然后走到电饭锅边，把米饭盖在上面……

"妈妈——"赵虎的心像被什么扎了一般，他看着妈妈心疼地说，"您能不能对自己好点？您瞧瞧您，整天忙来忙去的，对自己一点都不爱惜！"

"虎子，想不到你学会心疼妈妈啦！"妈妈听到赵虎的话，心头一热，忍不住把赵虎拉进怀里，在他脑门上用力亲了一下，"有儿子的这句话，

妈妈再累也值得！"

"妈妈，您病了，得多吃些有营养的，这煳肉丸，我来吃！"赵虎说着，就去抢妈妈手里的饭碗，可是妈妈挡住了赵虎的手："虎子，妈妈只不过是小感冒，过几天就好了！你现在正是长身体的时候，别吃这些煳肉丸，对身体不好！"

"对我身体不好，对妈妈身体就好吗？"赵虎有些生气地看着妈妈，"要不咱们都不要吃！"

"不吃什么？"咯吱一声，门开了，爸爸拎着包风尘仆仆地走进来。

"爸爸——您不是说明天才回来吗？"赵虎兴奋地迎上去，"这次跑长途顺利吗？"

"顺利，非常顺利！"爸爸摸摸赵虎的头，"虎子，瞧瞧这是什么？"爸爸从口袋里掏出一个塑料袋递给赵虎。

"热乎乎、香喷喷的是什么？"赵虎打开袋子一看，是两个麦当劳的汉堡包，"哇——爸爸，您给我买汉堡包吃吗？哈哈，太好了！"

"刚才把货送到工厂，老板听说我还没吃饭，就让人给我买了两个汉堡包！"爸爸说到这里，拿出一个汉堡包递给妈妈，"你也尝尝！"

"我不吃，你吃吧！"妈妈指了指手里的饭碗，"我吃不惯洋餐，还是吃自己家的东西香！"

"你尝尝嘛——"爸爸接过妈妈手里的碗，"让你尝，你就尝！"

121

"好好好！"妈妈无奈地冲爸爸笑一笑，说，"我们一人一半！"

"行！"爸爸冲妈妈呵呵地笑起来，妈妈也冲爸爸露出笑容……

看着眼前的这一幕，赵虎觉得心头有股热乎乎的东西在流动。

爸爸是跑长途的汽车司机。为了多赚钱，他总向老板申请去最远的城市拉货。爸爸在家的时间很少，赵虎捧着汉堡包，觉得爸爸是如此深爱自己，深爱这个家。

看着眼前的爸爸和妈妈，赵虎想：虽然他们很普通、很平凡，但是他们对孩子的爱不比其他同学的家长少，不，甚至可以说，因为家境平凡，他们倾注给孩子的爱更多、更深。我是爸爸和妈妈手心里的宝啊！赵虎想到这里，发自肺腑地感激爸爸妈妈给予自己的一切！

"妈妈，爸爸，你们坐下吃饭吧！"赵虎摆好碗筷招呼爸爸和妈妈坐下，"今天您二位都辛苦了！让我来伺候您二位！"

"这孩子——"妈妈伸出手假装要打赵虎，可爸爸拉着她的手说："我们也享受享受被儿子伺候的滋味！"

"嗯……"妈妈听爸爸这么一说，便不再说什么了。

赵虎给爸爸和妈妈盛上米饭，然后毕恭毕敬地端到他们面前。他捧起一碗米饭递给爸爸，深情地说："爸爸，您辛苦了！"接着，他又捧起一碗米饭递给妈妈，"妈妈，您也辛苦了！"

爸爸和妈妈从没有听赵虎说过感谢他们的话，此刻，听着赵虎口里的"辛苦"二字，他们露出了满足、欣慰的笑容。

这天晚上，赵虎一家三口围着餐桌吃着最简单的饭菜，但他们吃出了幸福和甜蜜的滋味。当然，那烧煳的肉丸最后在赵虎的坚持下，大家决定送到楼下——给外面的流浪狗吃。

吃完饭，赵虎收拾好碗筷，对爸爸和妈妈说：

"我去倒垃圾，顺便给流浪狗送夜宵！"

"呵呵，呵呵！"爸爸和妈妈冲赵虎大笑，"好，下楼小心些！楼道没灯，可别摔倒了！"

"嗯——"

赵虎拎着垃圾桶刚走下楼，就听到黑暗中有呜呜呜的哭泣声。

"谁在那儿哭呢？"赵虎循着声音走过去，"咦——李海！你躲在这里哭什么？"

李海住赵虎家楼下，是隔壁班的同学。

"赵虎，我又被我妈妈打骂了一顿！呜呜——这次数学考试我又没及格！"李海说到这里，又呜呜呜地哭起来，"我倒霉死了！怎么有这么凶的妈妈？唉……我和妈妈大吵一架，我直接跑出了家门，到现在还没吃晚饭呢！"

"到我家吃点儿吧！"

在赵虎的邀请下，李海坐到了赵虎家的餐桌边。

"李海，多吃点！不够阿姨再给你炒个鸡蛋！"赵虎的妈妈热情地说。

"谢谢阿姨！"李海端起饭碗，猛吃起来，"肉丸子真香！赵虎，你们家的饭菜真好吃！嗯嗯，好吃——"李海饿极了，一口气吃了两碗饭。

"李海，吃饱了吗？在我们家

别客气哦！"赵虎的妈妈问。

"吃饱了！"李海摸着肚子，感激地对赵虎的妈妈说，"阿姨，您真好！您比我妈妈强一百倍！唉……我妈妈真讨厌，就会数落我、教训我、打骂我，我讨厌她，我恨她……"

赵虎听到这里，心想：我妈妈是比李海的妈妈好！我妈妈从没骂过我呢！

"李海……"赵虎的妈妈听了李海的话，似乎并不高兴，她坐到李海身边严肃地问，"李海，你怎么会这么想呢？我只不过让你在我家吃一顿饭，你就这么感激我，你妈妈为你做了十几年的饭，照顾了你十几年，你怎么不感激她呢？想想看，你妈妈为什么数落你，为什么教训你？你和妈妈吵架，对吗？你这么赌气地离家出走，对吗？"

"我……"李海听到这番话顿时愣住了，"阿姨……"

咚咚咚！李海正要说什么，突然传来了敲门声。

赵虎走过去打开门，原来是李海的妈妈。

"赵虎，我们家李海在这里吗？"

李海的妈妈一脸焦急，当她看见餐桌边的李海时，脸上顿时露出了笑容，"你这孩子，怎么说跑就跑了呢？害得我在外面找了老半天！"

"妈妈……"李海慢慢站起来，走到妈妈面前低声说，"我错了，我不该和您吵架，更不该离家出走！"

"你这孩子……"李海妈妈似乎已经忘记了刚才的不快，她问李海，"肚子饿吗？走，桌上的菜肯定凉了，回去我给你热一热！"

"李海在我们家吃过了！"赵虎的妈妈走过去打招呼，"我们家的菜可没你们家的菜好吃哦，李海，对不对？"

"嘻嘻……"李海扶着妈妈的胳膊，亲昵地说，"我最最最喜欢吃妈妈做的饭了！因为自己妈妈做的饭才是最香的！"

"呵呵，呵呵！"李海的妈妈听到这些话，在李海头上轻轻敲了一下，宠爱地说，"你这个不听话的孩子！"

楼道里，赵虎看着李海和妈妈相互扶着下楼的身影，在心里对自己说："我们常常感谢这人，感谢那人，却从来没有真正感谢过自己的父母——我们最亲近的人总是最容易被我们忽略！从现在开始，我要用实际行动来回报父母对我的点点滴滴的爱！我要学会感恩父母！"

刷刷姐姐让你选 在你认为合适的选项中打 "√"

你有一颗感恩的心吗？你会怎么表达自己的感恩情怀呢？

选项1（ ） 我平时不够尊敬父母，更不要提感谢他们了，现在想想，自己真过分。从现在开始，我要对父母心怀感激，让他们相信没有白养我！

选项2（ ） 学会感恩，能让我感觉到我生活在一个充满爱的世界中：有父母、亲戚对我的爱；有老师、同学对我的爱；甚至当我在路边摔倒时，有陌生路人对我的爱……

选项3（ ） 感什么恩？父母对我好是天经地义的，我才不感谢他们呢！我的父母不够有钱、不够有权，我恨他们没有本事！

选项4（ ） 经常感谢生活给予我的一切，我才能更好地珍惜自己现在所拥有的！我觉得好好学习，做一个懂事的孩子，也是对生活的一种感恩。

　　感谢父母，感谢师长，感谢伙伴，感谢善意的陌生人；感谢蓝天，感谢大地，感谢大自然让我们活得如此精彩……试着感谢你现在所看见的一切，你会发现，原来自己是如此幸福。尽管有时候会遇到困难，会遇到小烦恼，会遇到这样或那样的麻烦，但是因为你被亲情、友情包围着，所以这些困难、烦恼和麻烦都会离你而去！

　　男生们，加油哦！常怀感恩之心！感恩的心可以让你们在人生的旅途中变得有勇气、有担当，不再辜负父母的期望，不再畏惧生活的考验，不再回避生命赋予的责任！

刷刷姐姐为你
加加油

把握今天
才能赢得明天

期中考试成绩册发下来的时候，阿坚看见同桌张一凡举着成绩册欢快地蹦起来："哇，我的数学考了 100 分！哇！哇！哇！"

和张一凡不同，阿坚的成绩很不理想，数学竟然只考了 61 分，刚过及格线！

"阿坚，你考得怎么样？"张一凡把头伸过来，试图看一看阿坚的成绩册。

"我？还不错！"阿坚合上成绩册，冲张一凡笑笑，"和以前差不多！"

"哦。"张一凡毫不怀疑阿坚的话，因为在以往的考试中，阿坚的成绩在班里不说数一数二，至少也能进前十名。

放学了，张一凡兴高采烈地向家走去。阿坚呢，出了校门，原本挂在脸上的笑容顿时变成了愁容。这么差的成绩怎么向爸爸妈妈交代？

唉……阿坚真后悔！这学期开学后，他迷上了网络聊天。特别是装上手机 QQ 后，他更是常常捧着手机聊个不停。

如果是聊学习或一些有益的话题便罢了，现在回想一下，阿坚记得自己聊的都是些无聊的"八卦"。一会儿是动画片，一会

儿是游戏，一会儿互相取笑、挖苦和打趣……该死的 QQ，害得我成绩退步这么多！

回到家，阿坚哆嗦着把成绩册递给爸爸。

"阿坚，怎么搞的？是不是在学习上遇到困难了？"爸爸看着成绩册虽然吃惊，但是并没有过多地责备阿坚，而是帮阿坚分析考得差的原因。

"爸爸，主要是我最近在学习上放松了……"阿坚低声说，"我会吸取教训，把成绩提上去的！"

"既然你知道问题出在哪儿，我就不多说了！"爸爸宽容地在成绩册上签了字。

面对爸爸的宽容，阿坚制订了一份"学习赶超计划"，决定把落下的功课在最短的时间内补回来。

第二天，阿坚按计划行动了。

做完老师布置的作业，他得再做十道课外题，背诵二十个单词，抄写一段

课文。他写完作业时已经是晚上八点多了，最要命的是，这时，他的手机嘀嘀嘀地叫了起来。

"哥们，快来 QQ 游戏室，我们一起玩游戏！"——这是玩游戏的伙伴在呼叫。

"阿坚，今天和我聊天吗？我心情不好……"——这是经常和他聊天的女生在呼叫。

"喂——我发现了一个好玩的网站，快上 QQ，我发地址给你哦！"——这是 QQ 好友在邀请。

怎么办？怎么办？怎么办？

阿坚犹豫起来，学习计划上要完成的任务还没完成，怎么能玩呢？这份计划可是昨天才制订的！想到这里，阿坚果断地将手机关机，然后打开课外练习本，开始计算第一道题。

"好球——"客厅里传来爸爸的声音。

"嘘——小声点！阿坚在写作业呢！"是妈妈的声音。

"今天是 NBA 联赛，太精彩了，我忍不住叫好呀——"尽管爸爸压低了声音，可是阿坚还是听到了，他的脑海里马上浮现出球赛的精彩画面。

NBA 联赛多好看啊！那么多篮球明星……不行，不行！阿坚甩甩脑袋，想将注意力集中到题目上，可心里如同装有一百只耗子，闹得他心里直痒痒。

算了，我去看一会儿球赛吧！只看一小会儿，我就回来做课外题！

阿坚对自己这么一"放松"，结果是他看完了整场球赛！当然，看完球赛的他很疲倦，不得不合上空白的课外练习本。

"啊——"阿坚打了个大哈欠说，"大不了明天我做二十道课外题，背四十个单词，抄两段课文吧！"

　　可是第二天放学后，他在同学的邀请下去体育馆打乒乓球，一直玩到晚上九点多才回家。此时，别说做课外题，就是完成老师布置的作业也是匆匆忙忙的。

　　一天又一天，阿坚的学习计划书成了一张废纸，掉进了桌边的垃圾桶里。而阿坚呢，总是在该学习的时候安慰自己：明天吧，明天我一定好好学习！然后，他借着各种理由玩去了……

　　"明天"在阿坚的等待中到来了。

　　期末考试，阿坚成了全班最后一名！当大家不解地看着他的时候，他懊恼地说："都怪我自己没有把握好'今天'，把什么事情都推到'明天'，结果这么惨！"

刷刷姐姐让你选

在你认为合适的选项中打"√"

你喜欢把什么事情都放到"明天"做吗？你知道只有"把握今天，才能赢得明天"的道理吗？

选项1（ ）
我常常做美梦：明天成绩突然好起来了，明天我突然得到了老师和家长的赞美，明天我突然成了同学们学习的榜样……唉，我的明天是假想的。

选项2（ ）
过去的已经过去了，明天还没有到来，我能把握的只有今天！所以，我必须把"今天"掌握在自己的手心里：完成今天的学习任务，充实地度过今天的每一分钟！

选项3（ ）
"今天不努力，明天就没有收获！"我相信这句话，因为我的经验告诉我，没有谁的明天是靠上帝的恩赐得来的，唯一能靠的就是自己的努力和辛勤付出。

选项4（ ）
如果不想让自己的希望在明天落空，就必须在今天努力奋斗。我坚守今天的任务今天完成的信条，因为这是在为我的明天做准备呢！

谁不想拥有一个灿烂而美好的明天呢？可是灿烂而美好的明天不是靠空想而来的，相信你一定懂得这个道理。既然知道空想是不会成功的，那么就请在今天踏实行动吧！

"今天"在你的手中犹如一块砖，虽然它看似微不足道，但是你若能将它摆放在正确的位置上，日积月累，你的明天必将屹立起一座高楼大厦！

男生们，加油哦！把握今天才能赢得明天！今天是明天成功的起点，珍惜手中的"今天"吧！希望未来的你们会感谢今天的努力！

刷刷姐姐为你加加油

在女生面前谦让些

早上7点整，六（5）班的李新川便来到了学校。

昨天班主任通知大家，今天是全校卫生大检查的日子，他这个卫生委员不得不提前到班里将各处的卫生检查一遍。

李新川抓着抹布把教室里的旮旯都仔细擦拭一遍后，正要坐下，旁边的女生乔乔突然叫起来："哎哟，我的椅子上怎么有颗钉子？"

李新川听到后忙走过去查看，原来椅子的一颗钉子冒出了"小脑袋"。

"李新川，这椅子扎人，我没法坐！"乔乔指了指自己的腿说，"裤子会被弄破的！"

"没事儿！"李新川对乔乔说，"我去校工那里借把锤子，敲一敲便好！"

李新川刚说完，上课铃就响了起来。

"糟糕，现在去拿锤子肯定来不及了！"想到这里，李新川把自己的椅子拉过来，对乔乔说，"这节课你坐我的椅子！"

"李新川，谢谢你！"乔乔的脸上露出了感激的笑容，她担心地问，"你坐这椅子会不会被扎到？"

"我会小心的。再说，我是男生，不怕！"

就这样，李新川半个屁股搁在椅子上听了一节课。

上午最后一节课是体育课。

老师让大家轮流躺在垫子上做仰卧起坐。

"妞妞，你来——"体育老师点到班里最胖的女生。

"哦——"妞妞躺到垫子上开始做仰卧起坐。

哗啦一声，妞妞的裤子裆部裂开了一条大缝。

"不好啦——妞妞的裤子开线了！"一个男生怪笑着对妞妞说，"胖妞，你该减肥了！再不减肥，咱们班的门你就进不去啦！"

"哈哈，哈哈！"好几个人跟着笑起来。

"你……你……"妞妞又羞又气，只能夹着腿无助地坐在垫子上。

"妞妞，给——"李新川脱下外套递给妞妞。

"谢谢！"妞妞感激地将李新川的外套围在腰上，站起来……

周五，大家像往常一样在教室里进行大扫除。

菲菲负责擦教室大门，谁知擦得正起劲儿的时候，门上的一根木刺划伤了她的手指。

"哇——好痛！"菲菲捂着手，痛得眼泪都掉下来了。

"菲菲，怎么了？"李新川走过去一看，血已经从菲菲的伤口里流出来了，"流血了！快去医务室！"李新川说着，从口袋里掏出干净的纸巾

裹住菲菲的手指。

"李新川，你是不是喜欢菲菲？瞧你那紧张样，是不是心疼了？"班里的调皮大王思成指着李新川招呼大家，"快来看，我们班的李新川喜欢菲菲！"

"哈哈！有趣！有趣！看不出李新川还是个护花使者呢——"

思成和几个男生指着李新川和菲菲好一番议论，弄得菲菲满脸通红。

"无聊！"李新川回过头瞪了思成一眼，然后关切地对菲菲说，"快去医务室请校医看看，如果木刺扎进肉里就得把它弄出来！"

"嗯！"

菲菲在男生们的起哄中本有些不好意思，但见李新川这么真诚地关心自己，便乖巧地点点头说："谢谢你，李新川！"

看着李新川陪菲菲去医务室的背影，思成等人渐渐停止了嘲笑，他们脸上原本戏谑的表情渐渐变成了一种发自内心的敬佩……

李新川在班里是最高大的男生。或许就是因为自己比别人高大，他觉得自己是班里的"大哥"。在同学面前，特别是在女生面前，他总会像哥哥一样照顾大家。

因为李新川"好说话"，女生们遇到事情总喜欢找他。

"李新川，不得了啦，我自行车的链条掉下来了。"

"我来帮你修！"

"李新川，糟糕了，我的钢笔写不出字了。"

"没事，你先用我的钢笔吧！"

"李新川，不好！路口有只流浪狗，我怕它咬我……"

"别担心，放学我们一起走！"

"李新川，帮帮我！隔壁班的男生总在放学路上欺负我。"

"别怕，我护送你回家！"

李新川成了班里女生眼中最最值得信赖的守卫、保镖和大哥哥。当女生被男生欺负的时候，她们最喜欢说："你怎么不学学李新川？就知道欺负女生，算什么本事？""我要告诉李新川，让他好好教训你！"

李新川成了女生心里的"保护神"，却惹恼了班里的男生。

"李新川，你怎么对女生这么好？你是男生吗？你能不能不要丢我们男生的脸？整天被女生使唤来，使唤去，你不觉得丢人吗？"几个男生围着李新川攻击他。

"丢人？"李新川摇摇头说，"我们都是一个班的同学，我照顾她们，帮助她们有什么错？再说，女生本来就娇弱一些，我们男生好意思欺负她们吗？"

"这……"听了李新川的话，男生们你看看我，我看看你，都沉默了。

"男生照顾女生，保护女生，是天经地义的事！大家在电影中不也看到过吗？有风度的男生总是对女生表现出爱

护和谦让！"

这次"攻击"后，班里的男生不再讽刺李新川了，相反，他们也变得"文明"了。

上下楼梯的时候，他们会让女生先走；去食堂时，他们不再堵在窗口和女生抢；在秋游的旅游车上，当其他班的男生霸占座位的时候，六（5）班的男生礼貌地站在车门边，让女生先上车……

"嘿——你们六（5）班的女生真幸福哦！你们班的男生真照顾你们！"

其他班的女生羡慕地看着六（5）班的女生，而六（5）班的女生除了露出幸福快乐的笑容外，为了表达谢意，她们纷纷把书包里最最好吃的零食送给班里的男生……

谁说男生和女生是死对头？只要男生能谦让些，女生便能和你们成为好朋友呢！

男生
加油站
Boys' Gas Station

刷刷姐姐让你选

在你认为合适的选项中打"✓"

你欺负女生吗？你在班里是如何对待女生的？

选项1
（　）
我最喜欢戏弄坐在我前排的女生。我一会儿把她的小辫子系在椅背上，一会儿用毛笔在她的白衬衫上画小黑点，一会儿捉只小虫放进她的铅笔盒……戏弄女生太好玩了。

选项2
（　）
我喜欢欺负老实的女生，对那些凶巴巴的女生，我会躲着！哈哈！

选项3
（　）
男生和女生应该和睦相处，这样不但能使我们心情愉快，还能增强班级凝聚力。

选项4
（　）
在和女生相处的时候，我尽量让着她们一些。这不表示我怕女生，而是因为我觉得让着她们是一种礼貌，是出于我对她们的呵护。

选项5
（　）
对漂亮的女生我格外殷勤，她们骂我几句我也认了，可对长得丑的女生，我就没这么好的脾气了，我经常欺负她们，挖苦她们。

选项6
（　）
当女生向我求助的时候，我会义不容辞地帮助她们，因为我觉得这是女生对我的信赖。

　　男生和女生相处，虽然我们总说"平等平等"，可实际上在某些时候，需要男生做出一些让步和牺牲。当然，这种让步和牺牲不是吃亏，而是一种礼貌。

　　不对女生说粗话，言行举止不粗俗，不开恶俗的玩笑，不刁难女生，这些都能让你变得更有魅力哦！

　　男生们，加油哦！在女生面前谦让些！你们会发现，这种谦让能大大提升你们在同学们心目中的地位！

刷刷姐姐为你
加加油

137

学会寻找
奋斗目标

迪克最近情绪有些低落。

进入六年级后，他觉得自己变得有些不知道该怎么"奋斗"了。

开学第一次语文考试的结果出来了，迪克的成绩排在班级中间位置。既没有进步，也没有退步。

语文老师马老师把迪克喊到办公室，对他说："迪克，你是一个很聪明的男生，如果能再努力些，成绩会更好！"

成绩能更好！——这是迪克期待的事。

走出办公室后，迪克立刻回到教室，为自己制订了一份"提高语文成绩"的计划表。迪克心想：老师不是说我再努力些成绩能更好吗？那我就再努力些！

于是，这天放学后，迪克将语文老师布置的作业整整写了三遍。

第二天，数学老师在走廊上遇到迪克，对迪克说："迪克，下周要进行数学测验，你要努力哦！如果你多努力努力，肯定能考进班级前十名！"

哇！班级前十名，多么美好的事啊！

于是，这天晚上，迪克写好数学家庭作业后，又拿出课外习题册，做了整整二十道课外题。

周五第三节课是英语课，英语老师拿着作业本对迪克说："迪克，

你的英语成绩怎么总是不见提高？你呀，再努力些，成绩肯定会更出色！"

唉……迪克觉得自己有些茫然了。语文老师、数学老师、英语老师都让自己努力，可是怎么做才算努力呢？

周六、周日两天，迪克把三门课的作业本和书都摆在面前，他对自己说："三位老师都让我努力，努力是什么？不就是多做题目，多看书吗？好，从今天开始，我豁出去了，努力，努力，再努力。"说完，迪克抓起笔，开始做题目。

抄写生字词，不管认不认识，他全部抄五十遍；数学题目，不管难易，全部做三遍；英语单词，不管三七二十一，背！

两天的疲劳大战后，迪克迎来了周一。

周一上午，数学老师果然安排了单元测验。当迪克拿到考卷后，他发现上面有很多题很"眼熟"，有的甚至昨天还见过，可是让他动手回答，又觉得困难重重。老天，我这是怎么了？迪克挠着头，苦恼地看着考卷，觉得前两天的努力都白费了。

考试结束后，迪克难过地递上考卷。他想：看来自己的努力还不够！于是，他为自己制订了更"残酷"的学习计划。

下课决不能玩，必须在教室里做课外题，周末必须抄写课文和单词，晚上睡觉前一定要看书三遍……

"迪克，你怎么上课这么没精神？昨天是不是看电视或打游戏了？"坐在迪克后排的班长问迪克，

"你最近好像很……很……疲倦！"

"疲倦？我能不疲倦吗？"迪克皱起眉头对班长说，"我最近很努力地学习，人累得要死，可效果却不佳！"

"哦？努力学习了还会'效果不佳'？这是什么道理？"班长饶有兴趣地坐到迪克身边，问，"迪克，你是怎么努力的？"

"我是这样努力的——"迪克把自己的学习计划和最近的学习状态统统告诉了班长。

听完迪克的话，班长沉默了。

"班长，你怎么不说话？"迪克看着沉默的班长，不解地问，"莫非我的努力还不够？"

"不，不！"班长摇着头，拍拍迪克的肩膀说，"迪克，我想给你说个故事——"

"故事？"迪克一头雾水地看着班长，周围的同学听到班长要给迪克说故事，忍不住围上来，说："班长，你要说什么故事？我们也听听！"

"有一只小梅花鹿独自在森林里游玩，因为贪玩，它在森林里越走越远，当天色渐渐暗下来的时候，小梅花鹿想回家了，可这时它发现自己迷路了。望着环绕在它周围的参天大树，小梅花鹿发疯似的在森林里横冲直撞。可是，这样毫无目的的乱闯不但没有让它走出森林，而且耗费了它很多体力。夜幕降临，森林里的老虎和狮子，还有饿狼纷纷出来了。它们看着迷路的小梅花鹿露出了邪恶的笑容。也许今天就是我的死期吧？小梅花鹿绝望地仰起头看着天空。突然，一弯明亮的新月在树梢上冲小梅花鹿露出慈祥的微笑。月亮对小梅花鹿说：'请在我的指引下，一直朝东面走！'就这样，在月亮的帮助下，小梅花鹿走出森林，获救了！"班长的故事说完了，周围的同学一言不发地看着班长。当然，迪克也看着班长。

　　"你们从这个故事中得到了什么启发？"班长拍拍迪克的肩膀，"你先说说！"

　　"这个……如果没有正确的方向，行动就毫无意义？"迪克说。

　　"对！"班长用力点点头，说，"一个人仅仅有行动是不够的，还需要正确的方向与目标！有了目标，行动才有意义！迪克，你想努力提高成绩，也能付诸行动，这是好的！但是，你必须为自己设定一个合理的学习目标。"

　　"嗯嗯！"迪克觉得班长的话很有道理，结合自己之前的经验，他开始分析，"我虽然想努力提高成绩，可是在学习时没有主次轻重，没有明确的目标，付出的努力都成了泡影！班长，你的故事启发了我，现在，我决定结合自己的实际情况，制订一份合理的学习计划！"

　　"是的！你的成绩在班级中处于中等水平！想提高，就应该对自己的薄弱环节进行有针对性的训练！像你之前那样，不管会不会，懂不懂，一概反复做、反复学，既浪费时间，又收不到效果！"

"班长！"周围的同学从迪克和班长的对话中得出了不同的体会，大家纷纷发表自己的看法。

　　有的同学说："看来我们要想进步，就必须有一个激励我们奋斗和努力的目标！没有目标的行动，就像行走在黑夜之中！"

　　有的同学说："与其闭着眼睛瞎学习，不如坐下来好好分析自己的优缺点，找出问题的关键，然后不断改进，才能更有效地提高成绩！"

　　更多的同学表示："除了学习上应该有合理的目标，生活中也应该有人生目标！没有目标的人只会混日子，只会过无聊的生活，就会产生'做一天和尚，撞一天钟'的想法，而这无疑是慢性自杀，是虚度青春，是浪费生命！"

　　听着大家的感触，班长的脸上露出了满意的笑容，他站起来对大家说："好了！看来我的故事带给大家的启发不小！既然如此，请大家——交故事费吧！"

　　"什么？听故事还要交费？班长，你也太小气了吧！"

　　"哈哈，哈哈，哈哈！"班长忍不住大笑起来，对大家说，"开个玩笑嘛——哈哈，哈哈！"

 刷刷姐姐让你选 在你认为合适的选项中打"✓"

你在日常生活中有目标吗？你能为自己制订合理有效的目标吗？

选项 1 （ ） 我的目标是不断变化的，这是我根据自己的实际情况不断调整的结果。

选项 2 （ ） 什么目标不目标，老师和家长让我干什么，我就干什么！

选项 3 （ ） 我的奋斗目标就是不断超越自己，我觉得这种目标看似简单，实则作用不小，它能让我更真实地看清自己，从而激励和完善自己。

　　再聪明的人，再有本事的人，如果没有合理的目标，未必能成功！目标是我们奋斗的航标，只有盯着航标，我们才能从容、坚定地朝前走！

　　男生们，加油哦！学会寻找奋斗目标，让自己充满自信地勇往直前！只有看准目标奔跑，才能最终到达成功的彼岸！

刷刷姐姐为你 加加油

用阅读充实你的心灵

六年级（7）班的哈林是全年级出了名的"富二代"。

他爸爸在郊区办了一家大服装厂，在市区有高档的酒店，电视、报纸上常常报道哈林爸爸公司的新闻，学校里的同学都知道哈林家有钱，而哈林也毫不避讳地说："我们家的钱三代也用不完！"

因为有钱，哈林在学校显得格外打眼。他身上穿的是国际名牌衣服、运动鞋，用的书包、铅笔盒，甚至钢笔也是价格贵得惊人的"名牌"。当然，哈林还时不时地在自习课上拿出令人咋舌的进口零食，什么比利时巧克力、菲律宾芒果干、日本鳗鱼柳、韩国海苔饼……哈林每次都会拆开包装和前后左右的同学分享美食。

"小明，来，吃点这个！"

"小丽，来，吃点那个！"

看着哈林过着这样的"富人"生活，同学们又羡慕又忌妒。羡慕忌妒之余，他们忍不住围在哈林身边"敲竹杠"，用哈林同桌阿伟的话说："哈林这么有钱，我们得'劫富济贫'！"当然，阿伟口中所说的"劫富济贫"并不是真的打劫哈林，而是时不时地让哈林请客！

"哈林，放学后我们几个人去吃牛排！"阿伟拍着哈林的肩膀，"你家这么有钱，你请客！"

"没问题，没问题！"哈林爽快地答应了。

"哈林，明天是周末，我们想去游乐园玩个痛快！"阿伟冲哈林挤挤眼。

"好，我埋单！"哈林用力地点点头。

哈林的大方几乎赢得了全班同学的好感，可有个人对哈林的"大方"极为反感。这个人就是班长林芝芝。

"哈林，你能不能不要在自习课上吃零食？"林芝芝指着哈林面前一堆花花绿绿的零食大声说道，"自习课是温习功课的时间，不是你的食品品尝大会！请你不要吃零食，更不要带着其他同学一起吃！"

"切！你自己不吃拉倒，管我们干吗？"哈林抓起面前的日本著名食品——铜锣烧递给边上的阿伟，"这是机器猫最喜欢的食品哦！"

"小雪，来，这是瑞士巧克力，你吃点！"

"好吃，真香！"

很快，几只"馋猫"便发出了各种赞叹声，而这赞叹声差点把林芝芝气死。

"哈林，你说你除了知道这些世界各地的零食，你还知道什么？"林芝芝问哈林。

"我还知道什么？我知道的东西可多了！"哈林丢下手里的零食对林芝芝说，"我还知道各种世界名牌商品，比如买包要买LV；运动鞋最著名的是阿迪达斯；领带我虽然用不到，但是我知道爱马仕是绝对绝对的奢侈品！"

"名牌？奢侈品？"林芝芝打开哈林的作业本说，"你不说名牌还好，你这么一说，我真是快气死了！大家来看看哈林的作业本——"

林芝芝这么一招呼，周围的几个同学立马围上去看。

"历史作业——位于南美洲南部的一个联邦共和制国家，与智利、

玻利维亚、巴拉圭、巴西等国接壤，东南面向大西洋的国家是？"

哈林的回答是：阿迪达斯。

"明明是阿根廷，你却写了阿迪达斯！"林芝芝指着答案问哈林，"拜托，你能不能别这么搞笑？"

"哈哈！"周围的同学大笑起来。

"笔误而已，这么大惊小怪干什么？"哈林抢过历史作业本收进书包。

"这也是笔误吗？"林芝芝又抓起哈林的语文作业本，指着一道拼音题喊大家看，"你们看看，老师让给'哎哟喂'标上拼音，我们这位哈林同学写的是什么？竟然是 LV！"

"哈哈，哈哈！"周围的同学又是一阵大笑。

"'LV'和'哎哟喂'读起来不是很像吗？"哈林夺过语文作业本，挠着头说，"林芝芝，你能不能别烦人了？我要自习了！"

"你要自习了？"林芝芝瞪大眼睛，愣了一会儿说，"好好好，你要是真能把心思用到学习上，我就不再说你了！"

"用到学习上怎么了？不用到学习上又怎么了？"哈林觉得今天林芝芝是存心和自己"过不去"，当着大家的面"戳"自己的短处，想让自己"丢面子"。想到这里，他有些恼火地说："我家里有钱，我买得起名牌，我有什么错？只能说我的命好，给有钱人家当儿子！"

"你——"林芝芝被哈林的一番话堵得什么也说不出了。

轰隆隆！轰隆隆！窗外传来一阵雷声。大家向窗外看去，不一会儿，大雨噼里啪啦地落了下来。

"糟糕！下这么大的雨怎么回家？我没带雨伞！"阿伟自言自语道。

　　"这有什么关系？"哈林掏出"爱疯"手机晃了晃说，"我喊司机来接我！阿伟，我顺便送你回家！"

　　"多谢，多谢！"阿伟感激地冲哈林拱拱手。

　　放学后，哈林和阿伟果然在校门口等来了一辆"宝马"。

　　"上车！"哈林神气十足地打开车门，邀请阿伟上车。

　　呜呜呜——宝马车发动后，向前开去。当车开过校门口的一处积水地时，意外发生了——飞溅的积水溅到了路边一位正在走路的女生身上。

　　"你怎么开车的？"女生瞪大眼睛冲宝马车大喊。

　　"哈林，不好了，我们的车溅起的脏水弄脏别人的衣服了！"阿伟打开车窗，朝后看了看。

　　"这有什么关系？"

　　哈林不以为意地让司机把车倒回去，然后下车，走到那位女生身边说："不就脏了件衣服吗？给——"哈林掏出一百块钱递给女生，"给你一百块钱算作赔偿！"

　　"你——"女生看着哈林手里的一百块钱，脸涨得通红。

　　"怎么了？"哈林见女生不接钱，以为对方嫌少，又掏出一百块钱说，"好，再加一百块钱！这下你满意了吧？"哈林说着，用不屑的眼神打量了一下女生身上的衣服，"估计你这衣服不值两百块钱吧？今天遇到我，你算是赚了哦！"

　　"你，你，你——"女生听了哈林的话，气得大喊，"我不要钱，我要你道歉！"

　　"道歉？"哈林以为自己听错了，瞪大眼睛问女生，"你不要钱，要我道歉？"

　　"对！"女生坚定地看着哈林。

147

周围的同学看见这一幕，纷纷驻足指责哈林："你有钱怎么了？有钱也不能这样侮辱别人啊！"

　　"就是——有钱了不起吗？"

　　"有钱就能什么事都用钱来解决吗？"

　　"你们……"哈林见大家围着自己说个不停，便后退几步说，"我还有事！我走了……"

　　"等等！"突然，一个人站到哈林面前——原来是班长林芝芝。她指着哈林生气地说："你不道歉，休想走！"

　　"对，道歉，道歉！"

　　"不道歉不许走——"

　　周围的同学站到哈林身后，围起一道"人墙"阻止哈林逃跑。面对"此情此景"，哈林只得含糊地向女生道歉。

　　"真是有病！"哈林上车后，挥着手上的两百块钱说，"有钱不要，要一句道歉的话有什么用？"

　　"哈林……"阿伟看见了刚才发生的一切，心里觉得怪怪的。他打开车门，对哈林说："现在雨已经小了，我还是自己走回家吧！"

　　"你——"哈林看着阿伟，不满地说，"随便你——有车不坐，有病！"说完，哈林关上车门，呼啦一下从阿伟面前

消失了。

"阿伟，你怎么喜欢和他一起玩？"林芝芝走到阿伟身边，说，"他整天张嘴闭嘴都是钱，你不觉得很俗吗？"

"是呀！"阿伟喃喃地说，"哈林今天这事做得太过分了！"

过了几天，学校接到紧急通知，下午将有一批来自台湾的同学到校参观，校长安排每班接待两位台湾同学——因为台湾同学此行的重点是直接与同龄的同学进行交流。

当台湾同学走进六年级（7）班的教室时，全班同学在林芝芝的带领下，热情地鼓起了掌。

"欢迎，欢迎，热烈欢迎！"哈林激动地站起来，走到其中一位女生面前说，"我叫哈林！很荣幸认识你！请坐到我的座位上吧！"

"谢谢，谢谢！"这位女生感激地冲哈林笑笑，说，"我叫夏迪！"

"嗯嗯嗯！"哈林打量着夏迪的衣服问，"夏迪，你穿的是什么牌子的衣服？是巴宝莉吗？还是香奈儿？"

"不，都不是！"夏迪摇着头说，"我只是一名学生，不穿那么高档的衣服！"

这时，另一位台湾同学——男生刘国利问林芝芝："请问你们平时看什么书？"

"我们看的书很多，当然也看台湾作家的书！"林芝芝礼貌地回答，"我喜欢读林清玄的散文！"

"林清玄？"哈林觉得这个名字有些耳熟，略一思考，他便凑上去问刘国利，"这位林清玄是不是林青霞的大哥？对了，你们在台湾肯定能看到很多明星吧？听说林青霞可是大美人哦！"

"这……"刘国利尴尬地看着林芝芝，林芝芝则气得把哈林拉到一边说，"你不懂就不要乱说！林清玄和林青霞没有任何关系！你不要尽

149

说些没有意义的问题，丢死人了！"

"什么，我丢人？"哈林不满地说，"我浑身上下都是名牌，我怎么丢人了？"

"你虽然穿得比我们好，可是脑子里的东西没我们多！"林芝芝说完，不再搭理哈林，她把夏迪和刘国利安排在教室前排，让班里的同学将他们围在中间，开始开交流大会。

"我知道台湾处于环太平洋火山地震带上，又有喀斯特地貌与海蚀地貌，所以台湾有很多火山与温泉。"

"我知道台湾森林茂密，素有'蝴蝶王国'之称。"

"台湾景色宜人，有阿里山云海、双潭秋月、玉山积云、澎湖渔火……"

"台湾……"

教室里，大家纷纷围绕"台湾"这个话题谈着，说着，听得台湾同学一起竖起大拇指说："天哪，你们对台湾的了解比我们还多！佩服，佩服！"

接着，大家又就台湾学生的学习状态、生活习惯、业余爱好等进行了交流。在这中间，哈林总想张嘴说些什么，可是又觉得自己说不出什么"像样"的话来。他有些气馁地耷拉着脑袋想：唉，看来林芝芝说得没错，我太浅薄了！除了钱，我真的一无所有啊！

"同学们，虽然目前台湾与祖国大陆处于分离状态，但是台湾岛是中国的第一大岛，是我们中国领土不可缺少的一部分。我们相信，在不久的将来，祖国统一的美好愿望一定能实现！"

在林芝芝慷慨激昂的结束语中，台湾同学依依不舍地和六年级（7）班的同学告别了。看着远去的客人，哈林羞愧地走到林芝芝面前说："抱歉！我今天的表现真糟糕！希望不会给台湾同学留下不好的印象！我真担心他们会以为大家都像我这样肤浅、庸俗！"

"哈林，其实你也不是一点优点都没有！你不能因为有钱而忽略其他——如充实自己的心灵！"林芝芝诚恳地对哈林说，"有钱不是坏事！但是不能因为有钱而只追求物质上的享受！你应该多看书，多学习，让自己的心灵变得充实起来，这样你就不会把钱看得比一切都重要了！"

林芝芝的话深深地触动了哈林。

谈话后，哈林不再把名牌、时髦、流行等作为口头禅了，他开始阅读大量的文学作品。曾经摆放在哈林书架上的一本本装帧精美的书不再只是摆设了，他利用一切时间在知识的海洋里遨游。当然，他除了阅读，也积极参加有益的课外活动，甚至悄悄去市中心参加志愿者义卖活动呢！

随着时间的流逝，大家发现哈林变了。

哈林觉得现在的生活更有意义了。以前，他用钱"收买"同学，但

是并不快乐；现在，他靠诚恳的心和别人交朋友，感到幸福无比。

对了，尽管"钱"不再是哈林挂在嘴边的话题，可是这年的圣诞节，哈林还是花光了自己全部的零花钱，不过这次他是用这些钱为孤儿院的孩子买了圣诞礼物！

"哈林，你好棒！"林芝芝和同学们纷纷赞扬哈林的慷慨。哈林发自肺腑地说："我现在终于明白了，一个人只有真实、充实地活着，才会快乐！书是我们审视这个世界，并让心与世界衔接的门！"

刷刷姐姐让你选 在你认为合适的选项中打"√"

你的内心世界充实吗？你觉得自己的生活有意义吗？

选项 1
（　）
我家很穷，我穿得很土气，我觉得自己活得很窝囊！唉……这只能怪我的命不好。

选项 2
（　）
虽然我的家境不如其他同学，但是我可以骄傲地宣告："我的成绩很出色！"我不会因为家境平凡而有低人一等的感觉。

选项 3
（　）
我周围有很多同学只知道追求"时尚"，不知道要武装自己的"头脑"。从某种意义上说，这些人很无知，我可不想做无知的人。

选项 4
（　）
生活条件越优越，我们越要多看书、多学习，用知识充实自己的心灵。否则，我们就会在奢靡的生活中忘记人生的意义。

选项 5
（　）
让心灵充实的办法有很多，我个人最喜欢的是阅读。书可以让我看到一个更加丰富多彩的世界，让我更成熟地思考问题，更积极地看待生活。

　　人要成长、要进步，离不开心灵的成长。心灵成长的过程，又离不开学习。而学习的一个好途径则是读书。读书不但能充实你的心灵，更能让你从中获得人生经验和启迪。

　　对一个男生来说，如果能将对物质的追求转移到对精神的追求上来，不但能让你变得气度不凡，还能使你赢得别人的尊敬和仰慕。而阅读无疑是一个不错的途径。

　　男生们，加油哦！用阅读充实你们的心灵！阅读能充实你们的心灵，阅读能令你们大开眼界，阅读还能使你们变得更加帅气——因为我们常说："腹有诗书气自华！"

刷刷姐姐为你 加加油

153

图书在版编目（CIP）数据

男生加油站：做大智慧男孩就是这么简单：9~15岁/ 刷刷著. —— 长沙：湖南少年儿童出版社, 2016.11
（"青苹果"心灵关爱书系）
ISBN 978-7-5562-2883-6

Ⅰ.①男… Ⅱ.①刷… Ⅲ.①学习方法—青少年读物 Ⅳ.①G791-49

中国版本图书馆CIP数据核字(2016)第248233号

Nansheng Jiayou Zhan　　Zuo Da Zhihui Nanhai Jiu Shi Zheme Jiandan

男生加油站　做大智慧男孩就是这么简单

作　　者：刷　刷
责任编辑：欧阳沛　康沁芯
质量总监：阳　梅
插　　画：张　丽　邹丽丽　刘静娴　曹晓昭　赵倩倩　吴延明　罗文斌　彭梦涛
特约校对：百愚文化
出 版 人：胡　坚
出版发行：湖南少年儿童出版社
地　　址：湖南省长沙市晚报大道89号　　　邮　　编：410016
电　　话：0731-82196340　82196334（销售部）　　　82196313（总编室）
传　　真：0731-82199308（销售部）　　　82196330（综合管理部）
经　　销：新华书店
常年法律顾问：北京市长安律师事务所长沙分所　张晓军律师
印　　制：湖南关山美印有限公司
开　　本：710mm×960mm　　1/16
印　　张：10
版　　次：2017年11月第1版
印　　次：2017年11月第1次印刷
定　　价：28.00元

服务电话：0731-82196362
质量服务承诺：若发现缺页、错页、倒装等印装质量问题，可直接向本社调换。